医院ホームページ
作成の教科書 ver.3

医療DX推進時代のウェブ戦略三種の神器

> はじめに

2030年までの医療DX推進時代に医療機関の情報発信はどうあるべきか

　政府は2030年までに、電子カルテの普及をはじめとした、医療機関のDXを進めると明言し、現在、オンライン資格確認、電子処方箋、保険証のマイナンバー化などが、着々と推進されています。今後、全国医療情報プラットフォームの推進、標準型電子カルテのリリースなどDX化にともなうイベントは目白押しで、数年は医療機関にとってDX化に乗り遅れてはいけない時期が続くでしょう。

　DX化は、当然政府が推進するものだけではありません。患者体験の良質化、会計業務の効率化、スタッフの労力軽減、人材難への対応などでDXを活用した医療を現場で考え実践していく必要があります。ホームページにおいても、単なる情報配信だけでなく、予約や問診、オンライン診療等への導線確保のツールとして、また、採用強化のための情報ソースとして、今まで以上に活用の幅を広げていく必要があります。

　私は、これまで約3,000件の医療機関や医療関連企業のオフィシャルサイトをプロデュースしてきました。現在は「Wevery!」（https://wevery.jp/）という、医療機関向けのホームページ作成サービスを展開しています。院長先生方の患者さんに伝えたい思いを受け止め、医療機関のホームページのベストなあり方を模索するなかで行き着いた私の結論は、**「あれこれと凝った作り込みをするより、せっかく開業されたのだから、院長自身の思いのままに自由に作ってもらいたい」**というものでした。「Wevery!」の開発の原点として、専門知識や技術がなくても、誰もが簡単にオリジナルのホームページを作ることができる、というコンセプトがその根底にあります。

　ところが、実際に院長の思いどおりに作成しようとすると、やや質素

で、かつページボリュームに欠けるものができ上がってしまい、結果に結び付きにくいという矛盾に直面しました。つまり、ホームページを有効活用するための基本ルールが理解されていなかったのです。これは、私にとって思いもよらぬ盲点でした。

　現在、私はYouTubeでの情報配信をはじめ、全国を回り年間数十回のセミナーや講演を行っていますが、これはホームページ活用のためのルールを広める教化活動と位置づけています。とはいえ、直接的な働きかけだけですべての先生方にお伝えするのは物理的に不可能ですので、書籍からも正しい知識を身につけていただきたいという願いをもって、2017年に本書の前身となる「医院ホームページ作成の教科書」を上梓し、2021年には第2弾の改訂版を発刊しました。おかげさまでトータル7,000部を超える版を重ねました。日本の医療機関数が医科・歯科あわせて15万件ということを考えると、多くの人に手にとっていただいていると実感しています。

　2017年当初から考えるとCOVID-19（新型コロナウイルス）のまん延を経て、ウェブでのコミュニケーションがより活発になり、ホームページでの表現の方法もバージョンアップしています。それに伴いまして、本書もバージョンアップを重ねていく所存です。**バージョン3となる本書では、アフターコロナ時代・医療DX推進時代のホームページでの情報発信の方法を盛り込み**、前バージョンをご購入いただいた方でも、新しい知識や、これまでのWebマーケティングの知識の整理ができるような内容にしておりますので、ぜひじっくりご堪能いただけましたら幸いです。

医療DX推進時代の幕開けとオフィシャルサイトの役割

　さて、本書では2030年までのアフターコロナ・医療DX推進の時代を、**「医療DX推進時代」**と名付けることにしました。この「医療DX推進時代」において、クリニックのオフィシャルサイトも大きく進化が求められま

す。詳細は後述いたしますが、オフィシャルサイトの役割は「情報提供や増患のためのツール」から「増患や情報提供、各種サービスへのハブ、そして患者フォローまでのツール」へと進化し、幅広い役割を担うことになります。

実はお金はかからない？オフィシャルサイトのあり方

　オフィシャルサイトの構築にかかる費用はピンからキリまで幅があり、何にどれくらいの費用がかかるかについても、医療機関にとってはピンとこないものです。なかには構築に100万円以上かかるケースもあり、コストパフォーマンスを考えれば悪い投資とはいえませんが、私は一般的な保険医療機関であればそこまでコストをかける必要はないのではないかと考えています。つまり、本書の内容をすべて体得していただくことで、不必要なコストをかけずにオフィシャルサイトの構築が可能になります。

医療DX推進時代の医院ウェブ戦略三種の神器

　本書では「医療DX推進時代」にとるべき、クリニックのオフィシャルサイト作成の基本やノウハウを前作に引き続き、「医院ウェブ戦略三種の神器」としてご紹介するとともに、今や経営において重要な位置を占めるインターネットでのプロモーション術等も詳細に記載しています。2017年発刊の「医院ホームページ作成の教科書」、そして2021年のバージョン2の増強バージョンとして、各クリニックに1冊、ウェブプロモーション戦術の教科書としてお手元に置いていただけるような内容になっておりますので、ぜひ最後までお目通しください。

　　　　　　　　　　　　　　　　株式会社日本経営　Wevery! 創業者

　　　　　　　　　　　　　　　　　　　　　　　　河村伸哉

目 次

はじめに ………………………………………………………………………… 3

Chapter 1 | 医療DX推進時代の医院ウェブ戦略三種の神器とは …… 12

（1）2020年からの激動を乗り越えた私達に待っているさらなるDX … 12
　① 医療DX推進時代に必要な「必要十分」の視座
　② 医療DX推進時代の医業経営
　③ 医院ウェブ戦略三種の神器をはどのように増収とコスト削減に寄与するか
　④ 三種の神器の対策は院長自身で行う

Chapter 2 | 神器その1　Google攻略 …………………………… 22

（1）なぜGoogleなのか ……………………………………………………… 22
　① 検索サイトのシェアを見る ― Googleが96％!!

（2）Googleとは一体何なのか …………………………………………… 24
　① Googleの理念
　② Googleが好きなページは患者さんも好き

（3）検索結果の画面からひも解く4つの要素 ………………………… 26
　① Googleの検索結果表示画面をひも解く

（4）Googleに広告を出す ………………………………………………… 29
　① 訪問者数を伸ばすための広告展開
　② 広告出稿のポイント
　③ キーワードはたくさん出稿する

（5）Google Map対策（MEO） …………………………………………… 35
　① Googleビジネスプロフィールに登録する
　② SNSやBlog等でネット上の露出を高める
　③ むやみやたらに情報を詰め込んだ対策をしない

（6）Googleの上位表示対策（SEO）基本の考え方 …… 41
① どんな要素がGoogleの上位表示に必須なのか
② 全体の1/3を占めるサイトのコンテンツが良いかどうかの指標
③ Googleは中学生レベルで文脈を理解する
④ ホームページへのクリック率向上に寄与する

（7）その他のGoogle対策 …… 52
① ページの暗号化
② スマートフォンに対応する
④ 「スマートフォンに対応する」とは？
⑤ スマートフォンへの対応手法
⑥ パソコンでサイトを作るとスマートフォンでの見え方がおろそかになる!?
⑦ Googleはスマートフォンに最適化されたホームページを評価する
⑧ ページの表示速度が遅すぎないか
⑨ ページスピードを速くするには
⑩ Googleサーチコンソールに登録
⑪ ホームページのアクセス数を知る
⑫ 独自ドメインを取得する

Chapter 3 ｜ 神器その2 オフィシャルサイト攻略 …… 74

（1）クリニックホームページ6つの原則とは …… 74
① 院長自身がホームページ制作の指針を決める
② オフィシャルサイトの役割と6つの原則
③ 検索サイトから来院までの流れを作る
④ 1/20、1/40の法則を知る
⑤ どんな医療機関かを10秒以内に知ってもらう（10秒の壁）
⑥ 原則1　スマートフォンで見やすいサイト
⑦ 原則2　あるべき場所にあるべきコンテンツを作る
⑧ 原則3　十分な情報量を掲載する
⑨ 原則4　更新頻度を上げる
⑩ 原則5　予約・順番待ちシステム、ウェブ問診、
⑪ 原則6　たくさんのリンクを貼ってもらう

Chapter 4 | 神器その3　オンラインでの患者フォロー …… 130

（1）YouTubeの動画配信 …… 130
① 動画で発信することのメリット
② 何を誰のために発信するか
③ 動画の撮影方法やコスト

（2）LINE公式サイトを使った患者フォロー …… 133
① LINEのユーザーは9700万人以上

Chapter 5 | 医療広告ガイドラインに対応する …… 142

（1）かつてホームページは広告ではなかった？ …… 142
（2）医療広告ガイドラインで気をつけること …… 143
① 広告の定義
② 医療公告ガイドラインの大枠をまず知る

（3）注意すべき事項の具体例 …… 149
① 著名人が来院しましたはNG
② ビフォーアフター写真の掲載
③ 未承認医薬品の記載
④ キャンペーン価格
⑤ SNSでの表現も広告ガイドラインの対象

（4）違反した場合はどうなる？ …… 152
（5）判断に迷ったら …… 153

Chapter 6 | 診療科目別ページ構成案 ……………………………………………… 154

（1）内科 ……………………………………………………………………… 154
① 専門性を明確に打ち出す
② 一般的な内科疾患のコンテンツ
③ 専門性のあるコンテンツ
④ 予防接種・健診・検査のコンテンツ
⑤ その他のコンテンツ

（2）整形外科 ………………………………………………………………… 157
① 身体の部位別コンテンツ
② あわせて追加したいコンテンツ
③ 専門領域をBlogコンテンツとして活かす

（3）眼科 ……………………………………………………………………… 160
① 5つの疾患＋花粉症コンテンツ
② 手術系のページ
③ あわせて追加したいコンテンツ

（4）耳鼻科 …………………………………………………………………… 162
① 部位別の疾患＋花粉症・めまいのコンテンツ
② あわせて追加したいコンテンツ

（5）皮膚科 …………………………………………………………………… 164
① 疾患のデパートをどう表現するか

（6）小児科 …………………………………………………………………… 168
① 4つの基本的なページ構成
② より高い専門性を追求される場合
③ こまめな情報提供が必要

（7）泌尿器科 ………………………………………………………………… 170
① しっかりとしたコンテンツ作成で広域からの集患が可能
② 検査など

(8) 精神科・心療内科 …………………………………………………………… 171
　① インターネットとの親和性が高い診療科目
　② 「うつ」を中心としたベーシックなページ構成
　③ 特徴を打ち出すためのBlogの活用

(9) 婦人科、産婦人科 …………………………………………………………… 173
　① 入院・分娩施設がある場合
　② 婦人科のコンテンツ
　③ 実施の有無で追加するもの

(10) 歯科 ………………………………………………………………………… 175
　① カタログを意識してのコンテンツ
　② 歯科のコンテンツ
　③ 専門コンテンツは「熱く」「長く」

(11) 在宅診療所 ………………………………………………………………… 178
　① より地域を意識したコンテンツ構成
　② 患者さん向けコンテンツ
　③ 医療従事者向けコンテンツ
　④ ページは少なく、そしてBlogの活用

おわりに……………………………………………………………………………… 181

Chapter 1 医療DX推進時代の医院ウェブ戦略三種の神器とは

2030年までに行われる医療DXの推進とあわせて、人口減による採用難、都心と郊外での医療格差などこれまで常識だった「儲かる」医業経営は、難しくなっています。
本章では、「医療DX推進時代」と銘打って、今後のクリニックに必要なオフィシャルサイトの考え方をひも解きます。

（1） 2020年からの激動を乗り越えた私達に待っているさらなるDX

　2020年のCOVID-19のまん延を経て、オンラインでのコミュニケーションがより活発になり、体感値で5～10年分が一気に進化を遂げました。医療機関では、初診からオンラインで診療が可能となり、接触を避けるため、よりゾーニングを考えた医院建築が当たり前になり、待合での接触を避けるため、順番待ちや予約システムの活用が進みました。また、医療機関に限らず、セミセルフレジや自動精算機などの普及が進み、あわせてキャッシュレスでの精算が市民権を得ました。

　医業経営を考えるうえで、この数年でこれだけの進化があったことに、あらためて驚くとともに、その進化の波を多くの医療機関が乗り越えたことは称賛され、誇るべきことかもしれません。

　しかし一方で、この波は収まったわけではなく、政府が推進している

医療DX化の波はまだまだ大きなままです。政府は2030年までに「医療DX令和ビジョン2030」を掲げ、業務やシステム、データ保存の外部化・共通化・標準化のための取り組みを進めています。実際には、2023年4月に始まったオンライン資格確認のための顔認証端末機器の導入に始まり、保険証のマイナンバー化、電子処方箋の開始などがあり、今後は、全国医療情報プラットフォームのさらなる整備、標準型電子カルテのリリース、診療報酬改定のDX化など、まだまだイベントが目白押しです。

保険医療機関は国が定めたシステムの中で経営していくことが必要ですから、2020年に始まったDXのスピード感で今後数年も進めていく必要があります。ですから医業経営者は「ITが不得意」と言っていられない時代になりました。

① 医療DX推進時代に必要な「必要十分」の視座

医療におけるDX化は政府が進めているものだけではありません。現場では、働き方改革、物価上昇や賃金上昇、スタッフの採用難など、DXを活用して解決していくべき問題が山積みになっています。これまで患者が高齢だったためにITツールの導入を避けてきた医療機関も、スマートフォンの普及や多様な決済方法の浸透によって、高齢者もITツールが使える時代になってきていますので、導入回避の言い訳はできなくなりつつあります。

DX推進のためにITツールを導入すればそれで完了かというと不十分です。導入コストや導入のための業務フローの変更等も考慮に入れる必要があり、計画的に進めていく必要があります。特にコストについては、闇雲にツールを導入していくと、初期の導入コストがかさむだけでなく、保守のコストもかさみ、医業経営をじわじわと圧迫してしまいますので、必要十分を検討したうえでのITツールの導入を推進していく必要があります。

② 医療 DX 推進時代の医業経営

　経営において利益をより多く確保するためには、**「収益増」**と**「コスト削減」**の2つの軸を両立して達成していく必要があります。医業経営においても同様です。

　「収益増」の視点であれば、**「ⓐ患者数を増やす」**という視点と、**「ⓑ患者の単価を上げる」**、**「ⓒ一度来た患者が次も来るようにする」**の3つがポイントになります。今後の人口動態などを考えると「ⓐ患者数を増やす」の視点による収益増を見込むのは以前より厳しくなるでしょう。「ⓑ患者の単価を上げる」では、これまでの保険診療の領域だけでなく自由診療等の領域にも視座を広げることで可能になってきますが、どの医療機関でもできるものではありません。そうすると、どの医療機関でも実践可能な**「ⓒ一度来た患者が次も来るようにする」いわゆるリピーターを増やすという視点が医療 DX 推進時代の増収術として重要になってきます**。もちろん不要な来院を増やす必要はありませんが、医療サービスの質に問題があったりして他院に流れてしまうことを防ぐという視点や予防という視点も含めて、定期的に通っていただくための戦略をクリニックは持っておく必要があります。

　「コスト削減」の視点であれば、無駄な DX 投資をしないという視点は重要です。特に本書のメインテーマであるホームページについては、導入や保守の価格の差が激しく、さらに目安価格が存在しないため、適正価格を割り出すことは難しいですが、これは多くの DX にも言えます。**業者に丸投げせずに、院長や院内である程度知識をもって導入に対応することで、自然と適正価格で導入することが可能**になり、医院での「必要十分」がどれくらいなのかがわかります。

　これらの「収益増」と「コスト削減」の2つの軸を両立していくための強化策の1つとして、これからお話する、**医院ウェブ戦略三種の神器**があります。

③ 医院ウェブ戦略三種の神器はどのように増収とコスト削減に寄与するか

患者さんが新しく医院を探して、来院（またはオンラインでの診療）して、その後かかりつけになるまでの流れを見ていくと図1のようになるでしょう。

図1　新患の受診から再診までの流れ

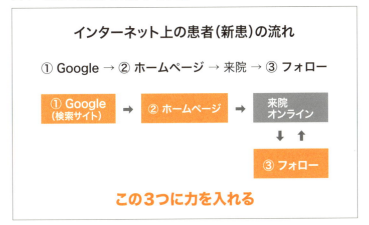

最終的には来院というところに結びつけたいので、それまでの①、②の過程、それから、来院患者さんが再度訪れてくれる③の過程が重要になります。私は、この3つのポイントを三種の神器として位置づけました。

医院ウェブ戦略三種の神器は下記の3つになります。

> Ⅰ．Google 攻略
> Ⅱ．オフィシャルサイト攻略
> Ⅲ．オンラインでの患者フォロー

表1　医院ウェブ戦略

	収益増			コスト削減
	ⓐ 患者数を増やす	ⓑ 患者の単価を上げる	ⓒ 一度来た患者が次も来るようにする	適正価格でオフィシャルサイトの運営
Ⅰ. Google攻略	◎	○	△	◎
Ⅱ. オフィシャルサイト攻略	◎	○	△	◎
Ⅲ. オンラインでの患者フォロー	△	△	◎	◎

　上記の三種の神器は、前述の**「収益増」**と**「コスト削減」**にどのように作用するのでしょうか？　それが上の表になります。
　表1を見ると、それぞれが相互に作用しそうだということが読み取れるでしょう。これらについてどのように作用していくのかを解説します。

収益増…ⓐ 患者数を増やす

　患者数を増やすという視点では、「Ⅰ. Google攻略」「Ⅱ. オフィシャルサイト攻略」が有効です。ネット上で情報検索する方の9割がGoogle関連のツールを利用しています（後述）。よって、Googleで検索したときに、皆さんの医院情報ができるだけ、Google検索結果に上位で表示される必要があります。この上位表示のノウハウを検索エンジン最適化、通称SEO（Search Engine Optimization）といい、大変重要な施策になります。また、MEOと呼ばれるGoogleMapでの上位表示についても同様に考えていく必要があります。
　Google検索のあとの導線を考えてみると、オフィシャルサイト⇨来院（または問い合わせや電話、予約）となっていきます。最終的な来院に結びつけるために**オフィシャルサイトで意思決定していただくことが重要**といえるでしょう。ですから、「Ⅰ. Google攻略」「Ⅱ. オフィシャ

ルサイト攻略」を実践することが、増患に大きく寄与していくといえます。

収益増…ⓑ 患者の単価を上げる

　患者さんの診療単価を上げることは、医療提供に直結する項目です。ウェブのプロモーションでできることは限られていますが、これらにおいても「Ⅰ. Google攻略」や「Ⅱ. オフィシャルサイト攻略」が活きてきます。

　例えば、比較的高額な自費の診療を集めたい場合は、一般的な保険診療と比べて患者さんの行動範囲が広がってくるケースが多くあります。広域から特定のクリニックを探してもらうということですと、やはりインターネットの力が活きるものです。Googleで検索された方にオフィシャルサイトの情報にたどり着いていただき、意思決定していただくという流れは、前述のⓐ患者数を増やすと同じ考え方になります。

収益増…ⓒ 一度来た患者が次も来るようにする

　患者さんのリピート率を高めるための施策で1番重要と言えるのは、診療に満足されたかどうかという点でしょう。これは揺るぎない指標です。あわせてその効率を高めていくのが「Ⅲ. オンラインでの患者フォロー」です。患者さんのフォローについては、従前より、歯科などでは、電話をしたり、はがきを送ったり、メールを送ったりなどで定期的な来院を促す仕組みがありましたが、これからの時代のことを考えると医科でも積極的に行っていく必要があります。そのフォローツールとして、SNSの活用が有効に働くと考えています。SNSの中でも、すでにネット上のインフラになっているLINE公式の活用、そしてXやInstagram、YouTubeでの情報発信でフォロワーになっていただく戦略は有効な施策といえます。

コスト削減…適正価格でオフィシャルサイトの運営

　表1ではⅠ. Google攻略、Ⅱ. オフィシャルサイト攻略、Ⅲ. オンラインでの患者フォローの3つとも◎がついています。これら3つの正しい知識を得ておくことで、無駄なコストが減るという観点ですべて◎となっているのです。

　例えばGoogle攻略でSEOの施策を実践するとします。SEOはウェブ作成の業者が行うことが一般的ですが、本書の知識を体得することでご自身でも実践することができ、コスト削減が可能です。

　オフィシャルサイト作成時のコンテンツ（文章）作成やSNSの運用なども同様です。

　また、正しい知識を得ることで業者の提案が適正かどうかの判断をご自身でできるようになります。本当にその金額をかけてそのレベルまでする必要があるのか、近隣以外の患者にお金をかけてプロモーションする意味があるのかなどのジャッジをする際には知識が必要でしょう。その知識こそが、三種の神器になります。特にウェブプロモーションは、これまで院長先生たちが触れてこなかったパンドラの箱を開けるような雰囲気があるかもしれません。本来外部に委託しなくても知識があるだけで、自院の必要十分の度合いが分かり、その結果コスト削減につなげることができるのです。

④ **三種の神器の対策は院長自身で行う**

ⓐ **オフィシャルサイトを手軽に更新できるツール（CMS）の登場**

　一昔前のオフィシャルサイト作成といえば、「HTML」という言語を操り、サーバーにファイルをアップロードし、ドメインを取得して……と、ある程度の専門知識が必要でした。ところが、ホームページ作成ソフトや、ウェブ上で動作するCMS（Contents Management System）と呼ばれるソフトの進化によって、誰もが簡単にホームペー

ジを立ち上げ、管理することができるようになりました。

　例えば、アメブロ等に代表されるブログはその代表的な例です。これらは、ホームページと呼ぶには小規模な印象を受けますが、所定のページでユーザー名とパスワードを打ち込み、文字の入力画面を開き、記事を書いて公開します。場合によっては、相手の書き込みに対して返信するなど、まさに CMS の機能そのものです。昨今では、WordPress という世界的に利用されている CMS が簡単に導入できるようになり、特別な知識がなくても、手軽にオフィシャルサイトを作成して、公開することができるようになりました。

ⓑ **自分で更新することでタイムリーな情報提供＆コストダウン**

　オフィシャルサイトを公開した後は情報を更新し、コンテンツを増やしていくなどの定期的なメンテナンスが必要です。メンテナンスをホームページの作成業者任せにしている方も多いと思いますが、上述の CMS を導入することで、院長ご自身でメンテナンスをすることが可能になります。それは結果として、タイムリーな情報提供を可能にし、併せてホームページのランニングコストを低減させることにもつながります。

　ただし CMS は、運用が始まってからの導入がなかなか難しいので、外注業者にホームページを発注される際は、**作成段階で「CMS で構築したい」ということをお伝えいただく**のがよいでしょう。

ⓒ **Google 対策や SNS 活用も院長が行う**

　オフィシャルサイトについては CMS を活用することで、ご自身での構築が可能ということはお伝えしましたが、Google 対策や SNS の活用についても、ご自身でも十分に運用が可能です。ですから、まずは広告代理店などの業者に任せるのではなく、ご自身でしっかりと情報発信の戦略を立てて運用されることをお勧めします。情報を発信したいとき

にタイムリーに発信するというスピード感は、医療 DX 推進時代の医院経営においてとても重要です。

　医療 DX 推進時代の医院のインターネット戦略を語るうえで、三種の神器は揺るぎないものになっていきます。この対策を知っているか知らないかで、増収やコスト削減に差が出てくるでしょう。

　さぁ、この三種の神器について、これからじっくりと学んで行くことにしましょう。

Chapter1 | 医療DX推進時代の医院ウェブ戦略三種の神器とは

Chapter1 医療DX推進時代の医院ウェブ戦略三種の神器とは

Chapter2 神器その1 Google攻略

Chapter3 神器その2 オフィシャルサイト攻略

Chapter4 神器その3 オンラインでの患者フォロー

Chapter5 医療広告ガイドラインに対応する

Chapter6 診療科目別ページ構成案

神器その1 Google攻略

インターネットで情報を検索する人の9割以上は、
Googleの検索システムを利用しています。
よって、Google上で自院の情報にいかに
たどり着きやすくなるかがポイントになります。
本章ではSEO対策を中心に、どのようにGoogleに
気に入られる対策をしていくかについてひも解いていきます。

(1) なぜGoogleなのか

　前章の三種の神器の解説で、ⓐ患者数を増やす、ⓑ患者さんの単価を上げる視点で大切なのは、Googleで検索されて、オフィシャルサイトを見てもらい、選ばれて来院につなげる流れを作るのが大切ということを述べました。では、なぜGoogleが大事なのでしょうか？

① 検索サイトのシェアを見る ─ Googleが圧倒的!!

　インターネットで医療機関を探す際、ほとんどの方が検索サイトを利用することになるでしょう。

　総務省の「令和5年版 情報通信白書」によると、日本における検索サイトのシェアは、Googleが圧倒的なシェア（パソコン：73％、スマートフォン78.8％）となっています（図2）。

　Googleは70％以上もあるのか！　と驚いている場合ではありませ

図2　検索サイトシェア

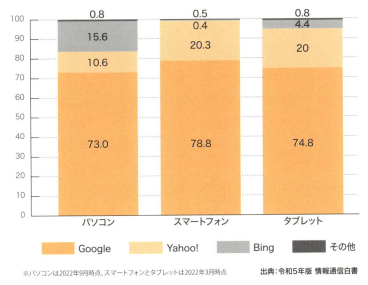

※パソコンは2022年9月時点、スマートフォンとタブレットは2022年3月時点　　出典：令和5年版 情報通信白書

ん。かつての Yahoo! は YST と呼ばれる独自開発の検索システムを運用してきたのですが、2010 年より Google の検索システムを採用するように切り替わりました。要するに、Yahoo! の検索結果は Google に依存しているということです。Google と Yahoo! からそれぞれ同じキーワードで検索すると、表示される順位がおおよそ同じになっているのはそのためです。あわせて後述しますが、現在はスマートフォンで検索する方がほとんど（8 割以上）のため、実質的に、Google がシェアのほとんどを占めているといっても過言ではないのです。

　そのため、自院のホームページにたどり着く手段の多くが検索サイトからだとすると、**まずは Google に気に入ってもらって、検索結果に表示してもらう（なるべく上位に）というのが必須**になります。検索しても自院のホームページに辿り着かないと意味がありません。まさに、Google 上にホームページを使って開業するようなものです。

(2) Googleとは一体何なのか

　Googleの歴史からひも解いていきましょう。Googleは1998年、スタンフォード大学の級友だった、ラリー・ペイジとセルゲイ・ブリンによって創業された企業です。
　検索サイトの精度の高さから人気を博し、いまや世界の検索サイトのトップシェアを誇る企業に成長しています。
　主な収益源は、検索結果に連動して表示される広告での収入です。検索サイトの運営だけでなく、Google Mapに代表される地図の運営やYouTubeの運営、スマートフォンのOS（Operating System）であるAndroidの開発・提供等、インターネットに関わるあらゆるサービスを展開しているだけでなく、医療や交通システムなどさまざまな分野のビジネス・研究・開発等も行っています。

① Googleの理念
　Googleが掲げている理念はご存じでしょうか？
　https://about.google/
　上記URLは、Googleについての説明をGoogleが行っているページですが、そこには、

> Googleの使命は、世界中の情報を整理し、世界中の人がアクセスできて使えるようにすることです。

と明記されています。
　あわせて、「Googleが掲げる10の事実」ということで、
　https://about.google/philosophy/
　上記URLには、Googleがサービス運営で大切にしていることが記載されています。

> **Googleが掲げる10の事実**
> I. ユーザーに焦点を絞れば、他のものはみな後からついてくる。
> II. 1つのことをとことん極めてうまくやるのが一番。
> III. 遅いより速いほうがいい。
> IV. ウェブ上の民主主義は機能する。
> V. 情報を探したくなるのはパソコンの前にいるときだけではない。
> VI. 悪事を働かなくてもお金は稼げる。
> VII. 世の中にはまだまだ情報があふれている。
> VIII. 情報のニーズはすべての国境を越える。
> IX. スーツがなくても真剣に仕事はできる。
> X. 「すばらしい」では足りない。

　ネット上の検索の精度を極めていくだけでなく、世界中の情報を整理したいと言っているのです。このポリシーは大変強固で、あらゆるGoogleのサービスにこの理念が盛り込まれていることは、皆さんが実感しているところでしょう。
　Googleはこの指針を忠実に守り、サービスの質向上に努めている企業なのです。

② Googleが好きなページは患者さんも好き

　では、どうやったらGoogleに好まれるオフィシャルサイトになるのでしょうか？　答えはシンプルです。**患者さんやその他の関連の方にとって有益な情報がたくさんあるオフィシャルサイトを作ること**です。
　Googleはインターネットを閲覧する人に関するあらゆる統計を取って、それを検索順位の序列を決めるためのプログラムに反映させています。
　Googleには、検索する人にとって有用なサイトを上位に表示させた

いという意図がありますので、Googleが好む（検索後の序列が上位になること）オフィシャルサイトは、情報検索者（患者さん）も好きなホームページであるといえます。ですから、Googleに選ばれることと患者さんに選ばれることはほぼ同じような指標なのです。

（3）検索結果の画面からひも解く4つの要素

　Googleの検索シェアが圧倒的であることは、前項にて述べたとおりです。インターネットで情報を探している人のほとんどが検索サイトを活用していると考えると、医療機関を探している人に、Googleを通じて、貴院の情報にたどり着いていただく必要があるということになります。

① Googleの検索結果表示画面をひも解く
　図3はGoogleで検索した際に表示されるものを、4つのエリアに分けたものです。この4つは、
　　ⓐ広告
　　ⓑマップ表示（MEO）
　　ⓒ通常検索（SEO）
　　ⓓナレッジパネル
で分けられていますが、必ず4つの場所があるというわけでなく、ⓒ通常検索（SEO）以外の場所は、検索の時々によって出たり出なかったりします。この4つのエリアの特性を知って活用していくことで、Googleを手中に収めることができるといっても過言ではありません。

ⓐ 広告
　この部分は、検索したキーワードに基づいて、広告が表示される部分

図3 Googleの検索結果表示画面

ⓐ広告
ⓑマップ表示（MEO）
ⓒ通常検索（SEO）
ⓓナレッジパネル

です。リスティング広告や、クリック課金型広告と呼ばれる広告の場所になります。29ページ（4）項「Googleに広告を出す」でより詳しく述べますが、開院の際や、通常検索でリストアップされない場合に、補助的に利用したり、より大きく増患を狙いたいときに利用する場所です。

ⓑ マップ表示（MEO）

「地域名＋診療科目」などで検索した際に地図が表示され、医療機関がマッピングされている検索結果にたどり着きます。通常は図4のようにマップの下に3つの候補が表示されます。

また、通常検索だけでなく、Google Mapのサイトやスマートフォンのアプリを使っても医療機関の検索ができるようになっています。このように、Google Mapでの表示対策のことをMEO（マップ検索の最適化　Map Engin Optimization）といいます。MEOについては36ペー

図4 マップ表示

ジ（5）項の「Google Map 対策」で詳しく述べます。

ⓒ 通常検索（SEO）

　Google の検索結果とは、通常このエリアを指します。この情報を見たいために、Google を使っているといっても過言ではありませんし、検索をすると必ず出てくる場所ですので重要な部分です。このエリアでいかに上位に表示させるかの対策のことを SEO（検索エンジン最適化 Search Engine Optimization）といいます。SEO については38ページ（6）「Google の上位表示対策（SEO）基本の考え方」で詳しく述べます。

ⓓ ナレッジパネル

　最近重要になってきている箇所がこの「ナレッジパネル」です。ナレッジパネルは、通常「医院名」で検索したときなどに表示されます。写真

や口コミ、オフィシャルサイトや新着情報など、さながら「ミニオフィシャルサイトエリア」といったところでしょうか。この部分が重要な理由は、オフィシャルサイトより先に表示されるエリアだからです。

　このナレッジパネルの情報は、通常は Google が情報収集した情報が表示されますが、実は自分でこのエリアの情報をアップデートできるようになっていますので、これを活用しない手はありません。登録方法については、37 ページの「Google ビジネスプロフィールに登録する」で解説します。

（4）Google に広告を出す

① 訪問者数を伸ばすための広告展開

　広域な診療圏をもつクリニックや、自由診療を積極的に打ち出しているクリニック、特殊な診療を実施している場合等では、地域の患者さん以外からも集患していく必要があり、実効性の高い広報活動が求められます。そのなかで、ホームページについては、Google、Yahoo! の検索結果に連動している広告や、Facebook などの SNS での広告を活用して訪問者数を伸ばしていくことができます。

ⓐ まずはウェブ上でのニーズがどのくらいあるのかを探る

　広告をする前に、集めたい患者層の人が、どういう語句でどのくらいウェブ上で検索されているのかを調査する必要があります。例えば、頭痛の人を集めたいという場合に、「頭痛治療 品川区」のように、疾患＋地域で検索されることが想定されるでしょう。実際にこのキーワードが月間何回検索されているかを調査します。

　調査ツールは世の中にたくさんありますが、無料で利用できる Ubersuggest（https://neilpatel.com/jp/ubersuggest/）がおすすめ

です。

　Ubersuggestのサイトに行き、「ドメインかキーワードを入力」の欄に、調査したいキーワードを入力します。

図5　Ubersuggest画面

　SUBMITで内容を送信した後、「キーワード候補」のページに飛ぶと下記のような結果が出てきます。

図6　キーワード候補

ボリュームという列を見ていただくと、頭痛治療 品川区の行に「0」という数字があります。これは、Googleでの月間の推定検索回数が0ということを表しています。意外と少ないですね。これでは、何の参考にもなりませんので、いったん検索回数が大きそうな「頭痛」というキーワードを調査してみます。

図7　キーワード調査

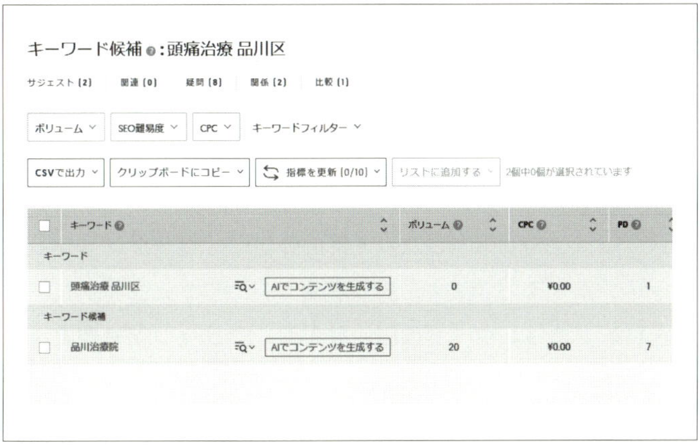

　頭痛にしたところ、135,000件と出てきました。日本では1ヶ月間にこれだけ検索されているということです。隣の列にCPCという項目があります。Click Per Costの略で、1クリックあたりの単価となります。CPC広告を出したときの1クリックあたりの値段の目安で、もし「頭痛」というキーワードに対して広告を掛ける場合は、1クリックあたり69.98円ほどのコストがかかる見込みということになります。Ubersuggest無料では1日3回キーワード調査ができますので、このような形でどのようなキーワードが月間何回検索されているかを調査して、キーワードのニーズを知り、広告すべきキーワードの作戦を立てていきます。

このキーワード調査は広告だけでなく、ホームページの疾患に関するコンテンツをどのように書くかのヒントにもなります。もし「頭痛」のコンテンツを書く場合は、上記に表示しているキーワードから類推して、頭痛の原因について記載したり、治療方法について記載したり、吐き気という言葉から、併発する症状について書けばよいのではないかと推察したりすることができます。

ⓑ リスティング（クリック課金型）広告
「Google 広告」「Yahoo! 広告」
　ⓐではどのようなキーワードにニーズがあるかというお話をしました。ニーズのあるキーワードに対して、今度は実際に、広告をかけていき集患につなげるというフェーズに入ります。
　ウェブでもっとも効果がわかりやすい広告に、リスティング広告と呼ばれるシステムがあります。この広告は、「広告が１クリックされるごとに広告料を支払う」タイプの広告なので、クリック課金型広告とも呼ばれています。例えば、「アレルギー　病院」などの検索キーワードを想定した場合、検索対象が全国や広域にわたりますので、このキーワードでの検索では、オフィシャルサイトを上位にリストアップさせるのはなかなか困難です。こうした場合にクリック課金型の広告が有効になります。
　クリック課金型広告では、例えば「アレルギー　病院」と検索された場合に、通常の検索結果とは別の枠で、自院の広告を表示することができます（図8）。
　また、広告のコピーやバナーについても、自分で設定することができますが、文字数に一定の制約があり、文章の場合は、見出し15文字程度、本文が40文字程度となっています（今後、文字数の制限が変更になる可能性もあります）。ですから「地域名（または駅名）and 診療科目」に収まらない検索キーワードでホームページの訪問者を獲得したい場合

図8　Googleの検索結果表示画面

```
Google  [アレルギー 病院]           × 🎤 📷 🔍

すべて  画像  地図  ショッピング  動画  ニュース  ウェブ  ⋮もっと見る    ツール

スポンサー
  K   かわむらクリニック
      https://www.kawamura-clinic.com
アレルギー治療なら、品川区のかわむらクリニック
アレルギーの症状でお困りなら天王洲アイル5分のかわむらクリニックへ。ステロイドと生活習
慣・通年鼻炎対策・アトピー対策・花粉症対策
```

には有利ということがいえます。

　日本では、主にGoogleの検索結果に広告を表示させる「Google広告」と、Yahoo!の検索結果に広告を表示させる「Yahoo!広告」が、検索連動型のクリック課金型広告の大手に位置づけられます。両方とも、それぞれのホームページから、広告の出稿手続きをすることができます。広告代理店を通じて出稿することもできますが、個人でも簡単に操作することができますし、GoogleやYahoo!のサポートセンターも充実していますので、まずは、ご自身で出稿してみてください。

Google … Google広告
http://ads.google.com
特徴：Googleの検索結果に表示。
　　　　そのほか、ブログサイトにも掲載される

Yahoo! … Yahoo!広告
https://www.lycbiz.com/jp/service/yahoo-ads/
特徴：Yahooの検索結果に表示。
　　　　Yahoo以外の検索サイトにも掲載。

② 広告出稿のポイント

広告出稿の際の注意点は以下の3点です。

> ⓐ 必要のない訪問者のクリックを防ぐ文章にする
> ⓑ 来院が可能な地域に出稿する
> ⓒ 広告料金を計算する

上記ⓐについて、広告文章はご自身で設定ができます。

例えば「アレルギー 病院」の検索結果に表示させたい場合を想定し、

A:「アレルギーの治療はお任せください」
B:「東京神田にあるアレルギー専門医院」

の2つの広告文を比較してみましょう。

広告の目的は、当然のことながらなるべく多くの訪問者を獲得するということです。そうすると、一見Aのほうがたくさんクリックしてくれそうなコピーです。しかし、クリック課金型の広告の場合、来院につながらない無駄なクリックをできるだけ排除したいものです。そうすると、Bのように、場所と専門医療機関であるということを明示して、それでもクリック先を見たいというモチベーションの高い方の訪問を促す広告文の方が高い費用対効果を得ることができます。

ⓑの注意点としては、東京のクリニックの広告を、九州で表示させても集患効果は期待できないということです。Google、Yahoo!ともに、広告を露出させる地域を指定することができます。都道府県や市町村単位のほか、自院からの距離などでも限定することができますので、来院可能な地域を考えて効率的な出稿に心がけてください。

広告料金を計算するというⓒは、100万円かけて広告を出して来院につながっても、そこから100万円以上の利益が得られなければ意味がないという費用対効果の視点です。クリック課金型広告は、1クリ

クあたりの広告料金を出稿者自身で決めることができる入札方式ですので、高く料金を設定することで、広告の表示位置が上位に表示され有利になるのですが、赤字にならない価格を想定して入札する必要があります。次章で詳しく述べますが、「1/20（1/40）の法則（20人、または40人のアクセスに対して1名の来院が期待できるという法則）」に照らしあわせると、1クリックを100円で設定すると、20人のアクセスで1人の来院を獲得できるわけですから、2,000円の広告費で1人の来院につながるという計算が立ちます。よって、1人当たりの粗利益が2,000円以上になる治療や疾患であれば広告を出す価値があるという結論に至るわけです。

③ キーワードはたくさん出稿する

「アレルギー 病院」等の広告と連動させたいキーワードについては、できるだけ多くの種類の関連する単語を設定することが重要です。クリニックの場合、設定したキーワードで検索する人が月間数人程度のものもあります。塵も積もれば山となる考え方で、例えば、「アレルギー クリニック」「アレルギー 治療」「アレルギー 東京」等、出したいキーワードに紐づけて、想定しうる単語をすべて洗い出すつもりで設定しましょう。私がアドバイスさせていただいているクリニックの多くが、最低でも200～300のキーワードで出稿し、成果をあげられています。

（5）Google Map 対策（MEO）

パソコンやスマートフォンで、医院を検索すると図8のように、地図が表示され、医療機関がマッピングされている検索結果にたどり着きます。41ページ（6）項で検索結果の上位表示対策（SEO）についてお話ししますが、Google Map の表示の仕方については、SEO とは別の

Googleの評価基準E-E-A-Tについて

　Googleは、検索の品質の評価基準として、E-E-A-T（「Experience（経験）」「Expertise（専門性）」「Authoritativeness（権威性）」「Trustworthiness（信頼性）の略）を掲げています。E-E-A-Tの要素が盛り込まれているページは評価が高いということになります。これを医療に置き換えると、医療機関やドクターの専門性や権威性を示すということになります。Googleがその専門性を認識することで、検索結果の上位表示にプラスになるというわけです。

　例えば院長の紹介ページに、専門医や指導医の資格、所属学会などを示すことでE-E-A-Tの評価に対してプラスに働くでしょう。また、疾患ページの文責として、専門医が文章を記載したことを加えることも有効です。例えば、「池袋　内視鏡検査」などで順位を上げたい場合は、「内視鏡検査」のページの文章の最後に、「文責　河村伸哉（日本消化器内視鏡学会　消化器内視鏡専門医）」と記載することで、専門性と権威性が増します。少しの工夫ですが、せっかく取得したご自身の専門ですから、ホームページでもしっかり活用していただくことをおすすめします。

手法が存在します。地図上での上位表示や最適化のことを MEO（Map Engine Optimization）と呼び、SEOとは少し違った内容で対策をする必要があります。

　図9の表示のように、検索結果で地図と一緒に出てくる医療機関は3つです。この3つのなかに入ることで、集患に大きく寄与してくるのは間違いありません。さて、この結果に掲載されるにはどのようにすれば良いのでしょうか？

　そもそも、地図上の検索結果にとって重要なのは、検索された地名や

図9　Googleの検索結果表示画面（再掲）

　駅名キーワードとの物理的な位置です。例えば「神田 整形外科」と検索した場合は、神田駅から物理的に近い整形外科のほうがマップでの上位表示に有利になります。ですから、もし、皆さんが対策をするということでしたら、物理的距離はどうすることもできない部分ですので、それ以外の対策をする必要があります。物理的距離があまり近くない医院にとって、この地図の3番以内に入るのは、正直なところ至難の業です。MEO対策は専門の業者でも難易度が高いといわれていますので、本書に記載されている手法を試しても、3番までに必ず入るという保証はありませんが、とはいえ、何も対策せずに手をこまねいているわけにもいきません。

① Googleビジネスプロフィールに登録する

　MEO対策の中で、もっとも有効な手法が、Googleビジネスプロフィールの登録です。MEO対策だけでなく、検索結果の画面に直接表

図 10　Google の検索結果表示画面

示される部分が多いため、Google ビジネスプロフィールの登録は、店舗型、来客型のビジネスを行っている場合は必須の対策になります。

Google ビジネスプロフィール
https://www.google.com/intl/ja_jp/business/

　Google ビジネスプロフィールは、簡単にいえば、Google が運営している店舗などの紹介・登録サービスです。ここに登録することで、Google Map での露出が有利に働くだけでなく、検索した際に「現在営業中」などの表示がされるようになったり、スマートフォンでは電話や予約、ナビゲーションの誘導になったりと、様々な方面で営業活動に役立ちます。登録は無料なので、Google ビジネスプロフィールに登録しない手はありません。

■ Google ビジネスプロフィールの登録方法

　登録には、まず Google にて自院名で検索をします。

　図 10 はパソコン上で、あるクリニックを検索した結果ですが、右側に「ナレッジパネル」と呼ばれるマップと簡単なクリニックの情報が掲載されるブロックを見つけることができます。その中に「このビジネスのオーナーですか？」というリンク部分があるので、これをクリックし、電話やはがきなどでオーナーであることの証明ができれば、登録が完了します。

　あるいは、スマートフォンのアプリで「Google ビジネスプロフィール」を入手して、そこから登録することができます。

■ ビジネスプロフィールの内容をブラッシュアップ（写真の掲載など）

　登録が完了して、まず最初にすることは、医院情報をアップデートすることです。特に写真の追加は重要です。検索結果のナレッジパネル上では最初に表示されますし、Google マップ上に表示された医院名をクリックすると、写真が一番目立つ箇所に表示されます。いくつかクリックされて選んでいるということを考えると、最初の印象を決める重要な部分ですから、雰囲気等が伝わるような、できれば先生が診察している風景などの写真をアップしてみてください。

　また、予約がウェブからできる場合は、予約のリンクをつけることができますし、診療時間や決済手法なども追加できます。以上のような形で情報をブラッシュアップしていくことで、MEO 対策の一助になるとともに、Google マップ、または Google 検索に表示される自院情報の強化が図れます。

■ 登録すると口コミ対策もできる

　Google ビジネスプロフィールへの登録は、Google Map での表示順位を上げる MEO 対策に有効だと前述しましたが、Google 上の口コ

ミに返信できるようになるという点でも優れています。
　Google Map には、利用者などが口コミを投稿できる窓口がありますが、口コミにはよい評価だけでなく、悪い評価も投稿されるのでデメリットになるケースも考えられます。Google ビジネスプロフィールに登録することで、口コミに返信することが可能になります。口コミへの返信は MEO 対策の一助になるともいわれていますので、口コミに対して、丁寧に返信していくことで、口コミを閲覧している方への信頼度も高まり、一石二鳥の対策といえます。

② SNS や Blog 等でネット上の露出を高める

　MEO 対策で重要なことの１つが、インターネットでの露出を高めることです。医院の名称等が、たくさんのウェブサイトに掲載されているという状態です。そのために有効なものは、Instagram や、X 等の SNS や、アメブロ等の外部 Blog になります。ネット上の情報を自分で操作できる媒体を使って、露出を高めていくという手法です。
　Google の情報収集ロボットが、様々なホームページを回遊した結果、自院に関する情報が多いと判断されることで、重要度の高いクリニックとなり、マップ上での上位表示に寄与します。

③ むやみやたらに情報を詰め込んだ対策をしない

　SEO と同じように、MEO でも過度な対策は厳禁です。Google は今後インターネット上の評価だけでなく、スマートフォン等の位置情報や利用状況等を参考にして、ありとあらゆる情報を検索の仕組みに反映していくでしょう。そうなっていくと、事実上 SEO や MEO の対策がどんどん無意味になってきます。要するに、リアルに人気のある医療機関はネット上（Google）でも人気がある医療機関ということになります。
　本書では、少しテクニカルなことにも言及していますが、過ぎたるは及ばざるがごとしで、過度な対策は Google が嫌いますので厳禁です。

ご注意ください。

(6) Google の上位表示対策 (SEO) 基本の考え方

　Google に選んでもらうことが必要ということは、前述のとおりです。Google の検索結果で、オフィシャルサイトを上位表示させるには、シンプルに言うと**患者さんにとって有益な情報を沢山提供する**ことです。
　Google 等の検索サイトで上位表示する対策のことを SEO 対策といいます。SEO とは、Search Engine Optimization の略で、文字通り、検索サイトのために、ホームページを最適化するというものです。
　SEO は、これをすれば上位に表示されるという単純なものでなく、Google が定めている「検索順位をきめる様々な指標（アルゴリズム）」を最適化することで対策ができるということになります。Google はアルゴリズムがどのようになっているのかを公開していませんし、さらに日々アルゴリズムは変わっていきますので、その時々でトレンドを追っていく必要があります。ただし、大きな原則は「患者さんが好きなページは Google も好き」ということで、これは将来的にも変化はないと予想します。
　SEO の対策を専門に行っている業者がありますが、以前は、サイト内外のテクニカルなところのチューニングをして上位表示を狙うのが主流でしたが、Google がテクニックに走り過ぎているホームページを嫌う傾向も出てきているので、いまは、業者でも内容を充実していくという対策が主流になっています。
　ですから、専門の業者でなくても、ある程度オフィシャルサイトにとって何が大切な要素なのかをつかんでいれば、ご自身でも十分に対策が可能であるといえます。テクニックの度が過ぎたホームページは、Google の順位が上がらないどころか、下がってしまうこともあります。

図 11　Google の検索結果の順位付けの要素

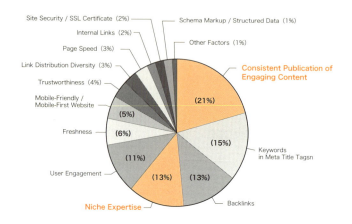

出典：First Page Sage　The 2024 Google Algorithm Ranking Factors
https://firstpagesage.com/seo-blog/the-google-algorithm-ranking-factors/

場合によってはスパム扱いされ、まったく Google の検索にかかってこなくなってしまうということもありますので注意が必要です。

① どんな要素が Google の上位表示に必須なのか

　米国のインターネットマーケティング企業である First Page Sage 社のリサーチによると、Google の検索結果の順位付けの要素の割合は図 10 のようになっていると予想されるとのことでした。

　ランキング順に和訳（わかりやすいように少し意訳しています）を含めて表すと表２のようになります。

　Google は検索の順位付けの指標を正式に公開をしていませんので、表２の割合については、あくまでもリサーチによる予想ということになります。

　一説によると、検索順位を決める指標は 200 以上あるといわれてい

表2　Googleの検索結果の順位付けの要素

	Factor（要素／和訳）	Weight
1	Consistent Publication of Engaging Content 魅力的で一貫性のあるページづくり	21%
2	Keywords in Meta Title Tagsn タイトルタグでのキーワードの入れ込み	15%
3	Backlinks 被リンク	13%
4	Niche Expertise 独自性があり専門的である	13%
5	User Engagement 訪問者の体験時間や満足度	11%
6	Freshness 新鮮さ	6%
7	Mobile-Friendly / Mobile-First Website スマートフォンへの対応	5%
8	Trustworthiness 信頼性	4%
9	Link Distribution Diversity リンクの多様性	3%
10	Page Speed ページの表示スピード	3%
11	Internal Links 内部リンク	2%
12	Site Security / SSL Certificate サイト暗号化・SSL証明書の有無	2%
13	Schema Markup / Structured Data 正しいhtml構文、構造化データの配置	1%
14	Keywords in Meta Description Tags + 22 Other Factors メタタグのdescriprionにキーワードが含まれているかなど、その他22項目	1%

ますが、表2のリサーチ結果を見ると、上位の6つの項目で全体の8割を占めているという結果になっています。ですから、SEO対策をするためには大きな要素である数項目を抑えておくことが重要です。細かな割合については、リサーチする人によって多少違ってくるのですが、私の経験による感覚も表2の割合に近いので、今回はこのリサーチをもとに解説をします。

② 全体の1/3を占めるサイトのコンテンツが良いかどうかの指標

まず注目したいのが「1位 Consistent Publication of Engaging Content（魅力的で一貫性のあるページづくり）」と「4位 Niche Expertise（独自性があり専門的である）」です。2つ合わせると34%で全体の1/3以上を占めています。この2つは「サイトのコンテンツ（文章や付帯する画像など）が優秀かどうか」ということで共通しています。つまりは、Googleが検索の順位付けで大事にしていることの1/3はオフィシャルサイトの中身が魅力的で独自性・専門性があるかどうかだということです。

SEO対策というと、少しテクニカルな話題に入りがちですが、テクニックというよりも、見ている人に響く内容になっているかどうかというところまで、Googleが見ているということなのです。

③ Googleは中学生レベルで文脈を理解する

2019年10月に、通称BERTアップデートと呼ばれるGoogleの検索プログラムの大幅なアップデートがありました。BERTは、Bidirectional Encoder Representations from Transformersの略で、GoogleのAIによる自然言語処理の能力が格段にあがったことを意味するものでした。これまで以上に、ページの文脈を理解できるようになったといわれていて、2019年12月に日本語の処理能力についてもアップデートし、その結果中学生レベルで文脈を理解していると言われてい

ます。

　このアップデートによって、文章がホームページの閲覧者にとってわかりやすく魅力的で一貫性のあるものかどうかがわかるようになり、検索の順位付けに大きく寄与することになったのです。2019年以降は、上述の「1位 Consistent Publication of Engaging Content（魅力的で一貫性のあるページづくり）」と「4位 Niche Expertise（独自性があり専門的である）」がランキングの1/3を占める状態が続いています。昨今はAIがコンテンツを生成する時代ですが、AIが生成する紋切り型のコンテンツはGoogleがあまり評価しないと言えるでしょう。

④ ホームページへのクリック率向上に寄与する　タイトルタグ・メタディスクリプション

　Googleの検索結果指標の2位にランクインしているのが「Keywords in Meta Title Tags（タイトルタグでのキーワード入れ込み）」です。この解説については、13位の「Keywords in Header Tags（見出しにキーワードが含まれているか）」、14位の「Keywords in Meta Description（メタタグのdescriptionにキーワードが含まれているか）」も関連しますので一緒に説明をします。

表3　主なタグ

<title>	ホームページの名称等を定義するタグ
<meta>	ホームページの内容を補佐するタグ
<h1>、<h2>、<h3>…<h6>	見出しを定義するタグ
<a>	リンク先を定義するタグ
<p>	段落を定義するタグ
<div>	区切りを定義するタグ

■ ホームページは html タグという構造でできている

　ホームページは「html」という言語でできています。html は、タグと呼ばれる <> で区切られ、そのタグはページ内の文章や単語に意味づけをする役割があります。この意味づけにはルールがあり、W3C（https://www.w3.org/）という機関で標準化が図られていて、Google もこの指標を参考にして、タグを評価しています。

　タグには様々な種類がありますが、<title>（タイトルタグ）や <h1> や <h2> に代表される見出しを表すものなど、多くのタグが存在します。Google は、どの文字が、どのタグで分類されているかを重視していますので、どのタグに、どのようなキーワードや文字をあてはめていくのかが重要になっています。

　表 3 の <title> は、表 2 で 2 位のタイトルタグのこと、<h1>……<h6> は 13 位の見出しタグ、<meta> は 14 位のメタタグの description のことで重要なタグということになります。

■ なぜこれらが重要なのか

　図 12 は、Google の検索結果表示画面です。「天王洲駅前耳鼻科｜東京都品川区の耳鼻咽喉科」の場所には、<title> で定義づけされた情報が入ります。また、その下の「東京都品川区で耳鼻科をお探しなら、……」で始まる説明文については、多くの場合、<meta> で定義され

図 12　Google の検索結果表示画面

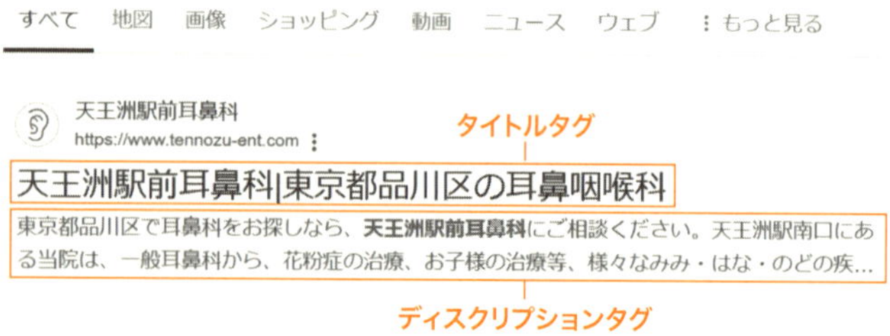

た（正確には、<meta name="description" content="説明文" />で定義）内容が入ります。

　ですから、Googleで検索した際に表示される文言については、ある程度、自分たちでコントロールできるということになります。これは、この文章をクリックしてもらえるかどうかを左右するものですので、十分に記載内容を吟味して決定することが必要です。

　最近は、タグを直接記載してホームページを作るというよりは、CMS（Content Management System）と呼ばれるシステムを利用して、例えば、ブログやSNSを書くような形式でホームページを更新できるシステムが主流になってきていますが、殆どのケースで<title>や<meta>情報については設定できるようになっていますので、まずは、オフィシャルサイトでこの2つのタグを見直すことをお勧めします。

■ <title>と<meta>の例

　Googleに気に入ってもらうために、<title>と<meta>の2つのタグはもっとも重要です。本項では、このタグで設定する文章、つまりGoogleに気に入られて、さらにクリックしてもらうための書き方について解説します。

　まず大事なのは、文字数です。<title>（以下、タイトルタグ）や<meta name="description" content="" />（以下ディスクリプションタグ）は表示の文字数等が決まっています。

　標準的には、タイトルタグは30〜35文字以内。ディスクリプションタグは120文字以内です。パソコンかモバイルか、また、検索結果の表示内容によって変化がありますので、最少の表示を意識することが大事です。

■ タイトルタグ

　タイトルタグは重要です。Googleの検索結果の順位付けの要素で2

位にランクインしていることから、ここにキーワードをいかに盛り込むかという点、あわせて、上述の検索結果の順位付けの位置から見てもわかるとおり、「ぱっ」と見て、何であるかを示さなくてはいけません。また長すぎるとすべての文章が入らない場合があります。スマートフォンでは 2 行に分かれて、40 文字程度までは表示されますが、パソコンの場合は、30 から 35 文字程度が限界ですので、パソコンにあわせて作成します。

また、どのような文言を入れるかも重要です。例えば「天王洲アイル駅 耳鼻科」と Google で調べた場合に、リストアップされやすくするために、当該のキーワードを配置するという対策です。これから医療機関を探そうとする人がどのようなキーワードで検索するかを想定して、そのキーワードを盛り込んでおくことが重要です。

盛り込むべきキーワード
　地域名（都道府県、市区町村など）　駅名　診療科目　病名　治療法

地域名については、診療圏等を吟味する必要があります。前述のように文字数に制限がありますから、必要のないものはできるだけ削除していく必要があります。一般内科であれば、都道府県までは必要ないかもしれません。人口が多い地区であれば、駅名だけで十分な可能性があります。また、診療科目についても同様です。全て網羅すると診療科目だけで文字数が沢山!!　なんてこともあります。ですから、必要なキーワードが何かを十分に吟味してタイトルタグを作成しましょう。

ここで、タグ付けを例示します。

例 1. 推奨する <title> の例
　「天王洲耳鼻咽喉科－東京都品川区　天王洲アイル駅徒歩 1 分の耳鼻科」
例 2. あまり推奨しない <title> の例
　「東京都品川区　天王洲アイル駅　耳鼻科 花粉症治療 天王洲耳鼻咽喉科」

例 1 と例 2 の違いはどこでしょうか？

例 1 は、まずは自分が何者なのかを最初に明示してから、必要な要素を並べています。例 2 は、検索してもらいたいキーワードを先に並べています。

SEO 対策をする業者さんの中には、例 2 を推奨するところもあります。実際、Google の検索プログラムでは、<title> タグ内のキーワードは最初に表示していればしているほど重要と見なすようだといわれていますし、「〜や ¦」等の区切り線は、Google ではマイナス評価になるという人もいます。確かにテクニックとしては正しいと思います。しかし、医療機関の検索において、数文字の SEO チューニングが必要なくらいに順位のしのぎを削るような医療機関は殆どありません。むしろ、探している人にとって、見やすくわかりやすいものかどうかのほうが優先度が高いものです。

そうしたことから、以下のような形で記載することをおすすめします。

○○医院名○○と書かれている部分は、そこに、医院名が入るという意味です。

ですから、「○○医院名○○」は「かわむらクリニック」のように、みなさんの医院の情報に置き換わると考えてください。

> **タイトルタグのひな型（30 文字以内）**
> ○○ 医院名○○ | (○○地域名や駅名○○)の(○○診療科目○○)(○○診療内容を少し○○)

■ ディスクリプションタグ

　ディスクリプションタグについては、以下のようなひな型が使えると思います。

> **ディスクリプションひな型（120文字以内）**
> （○○地域名や駅名○○）付近で（○○診療科目○○）をお探しなら、（○○医院名○○）にご相談ください。（○○駅名等○○）から徒歩○○分の当院では、一般的な内科疾患から、企業健診のご相談、予防接種、内視鏡検査等（○○診療内容○○）を行っています。親身になって、丁寧な診療を心がけています（○○ポリシー等○○）。

　文字数に関しては、もっと多く記載が可能ですが、こちらも、「ぱっと見て」わかる内容である方が望ましいのです。もし短くまとめられるのであれば、その方がなおよいと感じます。ただし、タイトルタグよりは、多くの文字が入れられるので、診療科目や実施している治療、治療可能な病名や施術をできるだけ漏れなく記載するのが望ましいです。

■ 見出しタグ

　<h1><h2>などの見出しタグも重要です。こちらも、後述の「見出し、中身のブロック型で構成する（103ページ）」で解説いたしますが、上述のタイトルタグやディスクリプションほどには神経質になる必要はありません。Googleの検索結果の順位付けの要素の1％にすぎないということもありますが、重要ではないということが、業界でも一般的になってきた1つの出来事として、かつてGoogleストラテジスト ジョン・ミューラー氏のツイッター（現X）での発言が話題になりました。

　要約すると「h1のタグは何回使えますか？」というつぶやきに対してジョン・ミューラー氏が「使いたいだけ使っていいですよ」と答えています。W3Cでは<h1>はページに1回しか使ってはいけないと

いうことになっているのですが、<h1>にキーワードを盛り込めば、Googleに上位表示しやすいのではないかという噂が広まり、ページ内に何回も<h1>タグを使うサイトが出てきました。一方で、何回も使うとGoogleからのペナルティが課せられるのでは、という噂も流れはじめ、専門家の中でも意見が分かれるところでした。それに終止符を打ったのがこのツイートといわれています。

ジョン・ミューラー氏のツイッター（現X）での発言

Mathias Sauermann @M_Sauermann・2017年4月12日
Hello @JohnMu, regarding the use of heading tags: How many h1-tags should be used on a single webpage? Only one? #seo

◯ 1　　⊔ 6　　♡ 7　　△

John ✓　@John Mu・2017年4月12日
As many as you want.

◯ 11　　⊔ 26　　♡ 43　　△

■ **<h1>タグのツイートが意味するもの**

　このツイートはもっと深い意図を読みとることができます。つまり見出しタグはGoogleの検索結果の指標に大きく影響していないよ、と示唆しているということです。表２のランキングを見ても、このことに該当する「Schema Markup / Structured Data 正しいhtml構文、構造化データの配置」は、SEOの順位付け要素のたった１％に過ぎないというリサーチ結果になっています。つまり、ホームページのコンテンツについては、タグの重要度にあまり左右されずに、自由に書いていいということです。ページを見ている人にとって、タグの構造はそれほど重要でないから、とらわれずに記載をしましょうという意図でとらえていただいて良いです。上記で、タグについて多くの文字を使って語りましたが、重要なのは、「患者さんにわかりやすい内容かどうかに集中すれば良い」ということなのです。

■ 他のサイトからリンクを貰う

　表2の3位にランクインしていたのが「Backlinks（被リンク）」です。オフィシャルサイト以外のホームページから、リンクを飛ばしてもらう対策です。かつては、この方法が1位にランクインしていた時期もありましたが、SEOのために、むやみにリンクを貼りまくるという対策が横行したため、いまは少し下火になっています。

※127ページ「原則6　たくさんのリンクを貼ってもらう」に被リンクについての詳細を記載しています。

（7）その他のGoogle対策

① ページの暗号化

　オフィシャルサイトの暗号化についてご説明いたします。

　← → C ⓘ 保護されていない通信 | http://www.▇▇▇▇▇▇▇　★

　皆さんのオフィシャルサイトを開いた際に、ブラウザのURL表示の画面に「保護されていない通信」と出てきていないでしょうか？　これはホームページが暗号化されていないということです。

　では、保護されているページはどのようになるかというと、

　← → C 🔒 https://www.▇▇▇▇▇▇▇　★

　このようにURLの頭に南京錠マークが表示されます。

　そもそも暗号化とは何でしょうか？　そして、どのような効果があるのでしょうか？

　この暗号化はSSL暗号化通信と呼ばれ、閲覧しているブラウザとホームページが格納されているウェブサーバの間の通信を暗号化している仕組みになります。この暗号化によって、第三者からの盗聴や攻撃の危険

性等を回避することができます。

　暗号化しているサイトの URL は「https://…」と http のあとに「s」がつく仕様となっていて、ホームページのアドレスから確認することができます。また、上述のようにブラウザの URL 表示欄に南京錠アイコンがつくなど、容易に確認できるようになってきています。

　そもそも暗号化は、通販の買い物かごやお問い合わせ、アンケート等で使われているホームページの情報入力フォームに利用することが主な活用方法でした。ところが、この SSL 暗号化通信の導入の際、証明書がサーバに発行される仕様のため、本物のサイトかどうかの判別の指標にもなり、フィッシング詐欺やなりすまし対策の選別にも利用できることがわかりました。

　また、証明書発行は有料のサービスが多かったのですが、無料で暗号化通信の証明書を発行する機関も出てきたため、SSL の導入が加速しました。あわせて、Google も SSL 化の流れを推奨しており、2014 年 8 月 7 日の公式 Blog（以下を参照）で、SSL 対応しているホームページでは検索サイトでも有利に働く旨の発表をしています。通販の買い物かごやフォームだけでなく、ホームページのすべてのページに SSL 暗号化をかける「常時 SSL 化」が主流になっています。

**ウェブマスター向け公式ブログ
「HTTPS をランキング シグナルに使用します」**
https://webmaster-ja.googleblog.com/2014/08/https-as-ranking-signal.html

　この流れを受けて、いっそう SSL 導入の流れが加速し、さらに、2018 年 2 月 27 日の Blog では、SSL 化していないサイトについては、Google がリリースしている、ブラウザの Chrome 上で「安全でない旨の表示をする」という表記にしますとも明言しました（実際には「保護されていない通信」と表示）。2018 年 7 月にリリースしたバージョンの Chrome から上記が実装されています。

ウェブマスター向け公式ブログ
「保護されたウェブの普及を目指して」
https://webmaster-ja.googleblog.com/2018/02/a-secure-web-is-here-to-stay.html

医療機関なのに、安全でない旨の表示が出るのは不本意です。いまは、どのネットサーバでもある程度簡単で安価（場合によっては無料）にSSL暗号化を導入することができますので、貴院のオフィシャルサイトが暗号化されていない場合は、早急に対応するようにしましょう。

② **スマートフォンに対応する**

図 13 は、年代別のスマートフォンの普及率です。

図 13　年代別スマートフォンの普及率

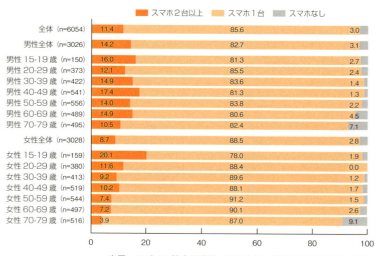

2007 年に iPhone が誕生し、翌 2008 年に日本に上陸しました。2015 年には全世代を通じて、半数以上がスマートフォン所有となり、

いまや70代でスマホなしの数字がやや多くなるものの、全世代を通じてスマートフォンを持っているという結果になっています。2026年3月末にはNTT docomoが3G回線をサービス終了（停波）する予定としていますので、何某かの通信機器を持っているということであれば、2026年以降は原則スマートフォンであるということがいえるでしょう。

③ クリニックのホームページは8割がスマートフォンで見ている

表4 「Wevery!」の端末ごとの閲覧率

	2017年3月度	2017年3月度	2024年3月度
モバイル（スマートフォン）	70.7%	84.0%	84.9%
パソコン	24.7%	13.7%	13.6%
タブレット	4.6%	2.3%	1.5%

　表4は弊社が提供しているサービス「Wevery!」の2024年3月度、2021年月度、2017年3月度の1ヶ月間の端末ごとの閲覧率の比較表ですが、新型コロナのまん延時期を経て、スマートフォンの普及がある程度完了し、現在は85%がスマートフォンで医療機関のサイトを閲覧していることになります。一方パソコンでの閲覧は13.6%と、2017年と比較して、10ポイントほど数字を落としています。この数字からもホームページはスマートフォンで閲覧されていることが前提で表現していくことが必要といえます。

④「スマートフォンに対応する」とは？

　クリニックホームページのスマートフォンへの対応の重要性は、十分にご理解いただけたと思います。では、どうすることでスマートフォン

図14 スマートフォンの画面

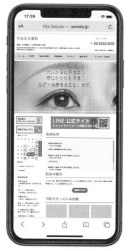

スマートフォン非対応の見え方　　スマートフォン対応の見え方

に対応することができるのでしょうか？

　スマートフォンの端末は縦長で、モニタがパソコンに比べて小さいことはご存じの通りです。まずはこの小さな画面で閲覧しても、ストレスなく閲覧ができるということがポイントになります。パソコンの画面サイズを想定して作られたサイトもスマートフォンで見ることができますが、文字や画像が小さすぎて、キチンと閲覧するためには、画面を拡大したり戻したりと余計な操作が伴います。これが、案外ストレスになります。

　弊社の実施した調査では、パソコン用に制作されたホームページをスマートフォンに対応させたところ、離脱率（ホームページに訪れた人のうち、最初のページだけを見て別のサイトに移ってしまう人の割合）が1割ほど改善されました。検索の結果が上位に位置づけられても、離脱を招いた時点で来院のきっかけを失うことになります。そこで、閲覧者の離脱を防ぐためにも、以下の要素が必要になります。

- 縦スクロールを意識したホームページの幅にする
- 狭い画面でも読みやすい文字の大きさにする
- リンク箇所を押しやすいように工夫する
  （ボタン風にするなど）
- 電話番号をページ上部に表示させて、
  タップして電話がかけられる仕組みにする
- 地図はクリックしたあとに、Google Mapなどの
  アプリと連動するようにする

　これらの要素を見てもわかる通り、ポイントは作り方というより、見え方重視になります。作成自体はパソコンのホームページとほぼ同じと考えて良いですし、現在販売されているホームページの作成ソフトであれば、スマートフォン対応のためのツールが入っているはずです。業者に依頼する場合でも、上記の観点で仕上がりをチェックすれば問題はないでしょう。

⑤ スマートフォンへの対応手法 「レスポンシブ型」「アダプティブ型」

　前項では、スマートフォン対応の基本的な方法を記しましたが、具体的には2つの手法を用います。「レスポンシブ型」と「アダプティブ型」です。

　レスポンシブ型というのは、ホームページの閲覧に使っているブラウザの横幅によってレイアウトが変わっていく手法です。よって、見ている端末がパソコンなのか、スマートフォンなのかはあまり関係がありません。パソコンで見ても、ブラウザの幅を縮めることで、スマートフォンで最適化されたレイアウトで閲覧することができます。

　もう1つの手法のアダプティブ型は、ユーザーがどの端末で見ているかを判別し、その端末に最適化した画面を表示させるものです。

表5 「レスポンシブ型」と「アダプティブ型」の比較

	レスポンシブ型	アダプティブ型
概要	閲覧するブラウザの幅によって、ページのレイアウトが変わる方式。	閲覧する端末によって、ページのレイアウトが変わる方式。
メリット	URLを同じにし易い。	PCだけ、スマートフォンだけに表示させたいコンテンツを分けるのが容易。
デメリット	スマートフォン等であえてPCサイトが見たい場合に対応しづらい。	PCとスマートフォンのコンテンツを分ける場合は作成コストが増える。

　表5にあるように、レスポンシブ型、アダプティブ型それぞれにメリットとデメリットがありますが、大規模サイトでない場合は、ページの修正や追加があった際の確認が容易なので（ブラウザの幅を変えるだけでパソコンとスマートフォン両方の確認が一気にできる）レスポンシブ型を選ぶ方がやや有利かもしれません。
　ここでは、2つの手法があるということだけを覚えていただき、実際の展開については、作成業者と相談をして決めてください。

⑥ パソコンでサイトを作ると
スマートフォンでの見え方がおろそかになる!?
　スマートフォンに対応していない古いホームページを改修する場合、

どのように改修するのがベストでしょうか？　既存のホームページを丸ごと新しいものに改修という手段がわかりやすいですが、パソコン用は今のものを活かしたいという場合もあると思います。その際に注意したいのは、スマートフォン用のサイトをパソコン用とは別の URL で作成する時です。その場合、スマートフォンでホームページを開くときに、新しく作ったスマートフォン用のページに自動でジャンプする設定が必要になることです。これを怠ると、スマートフォンの検索で自院のホームページに辿り着いても、結局パソコン用のホームページにアクセスしてしまい、せっかくのスマートフォンに最適化されたページに行き着けないということが起きてしまいます。

　幸運にも Google がスマートフォンのホームページを見つけて、検索のリスト化をしてくれれば良いのですが、既存のホームページがある場合は、なかなかそのように判断をしてくれません。スマートフォンでのアクセスで、自動的にジャンプする設定がされていることで、Google にも、スマートフォン用のページがあることを PR することができ、検索結果の上位表示においても有利に作用します。

　上記のようなことがあるため、ホームページはパソコン用もスマホ用も同じアドレスで閲覧ができるように作成することをお薦めします。同じアドレスの際に気をつけたいのが、ページの修正などは文字を打ったり、画像を配置したり、表を入れたりすることもあって、パソコンで作業することが多いため、ついつい修正後の確認もパソコンだけで行ってしまい、スマートフォンで閲覧した際に、ズレたり崩れたりしている、または見づらくなっているということが起こります。パソコンで更新等の作業をされた際は、お手元のスマートフォンで確認をしていただくのがベストです。

⑦ Google はスマートフォンに最適化された
ホームページを評価する

　Google は 2015 年 4 月から、スマートフォン対応のホームページに配慮し検索結果の序列を決定づけるプログラムの変更をしました。

　その結果、スマートフォンで検索した場合に、スマートフォンに対応しているホームページの評価を高め、以前より上位に表示されやすくなりました。

　ここまで、スマートフォンに最適化されたサイトを作成することで、閲覧者の利便性が向上し離脱が減少するメリットだけでなく、検索の順位づけについても有利になることを解説しましたが、Google はホームページ開設者と利用者双方に最適なプログラム変更を実施していたわけです。

　新たな情報が 24 時間絶え間なく行き交うインターネットでは、離脱者の最少化と検索の順位づけは常につきまとう課題であるだけに、時々の変化に対して少しでもメリットを享受できる対応策を講じていかなくてはなりません。今考えられるベストな対応策が、スマートフォン用に最適化されたホームページであるということです。

⑧ ページの表示速度が遅すぎないか

　スマートフォンでホームページを開いたときに表示されるまでの速度が重要であるといわれています。Google の調査によると、「ページの読み込みに 3 秒以上かかると 53% のユーザーが離脱する」というデータがあり（https://www.thinkwithgoogle.com/marketing-resources/data-measurement/mobile-page-speed-new-industry-benchmarks/）、選ばれるクリニックになるためには、表示されるまでのスピードが重要であることがわかります。

　ページスピードの目安は、PageSpeed Insights（https://developers.google.com/speed/pagespeed/insights/）というツールで計測が

可能です。図15はGoogleをこのツールで調査した結果です。様々な指標が出てきていますが、例えばSpeed Indexでは、ページが視覚的に完成に近い状態で表示されるまでの時間になります。各指標に、緑、黄色、赤の色付けがされています。これは信号と一緒で、緑が一番良い指標ですが、Googleですら、赤い部分があるくらいですので、ここで一喜一憂する必要はありません。理由はページの表示速度については「遅すぎなければ良い」ということになっているからです。

Googleは2018年1月18日のBlogで「2018年7月よりページの読み込み速度をモバイル検索のランキング要素として使用する」と明言しました。

図15　PageSpeed Insightsでの計測

> **ページの読み込み速度をモバイル検索のランキング要素に使用します**
> **2018年1月18日木曜日**
> https://webmaster-ja.googleblog.com/2018/01/
> using-page-speed-in-mobile-search.html

　これにより、表示されるまでが遅いサイトについては検索の順位が下がることになります。
　その後2018年7月9日より、ページの読み込み速度のプログラムがスタートしました。ここで気をつけたいのは、

> ×　速いサイトが上位に表示される
> 〇　遅いサイトの順位が下がる

ということです。速い方が良いのですが、いまのところ、検索結果に影響するのは、遅すぎるサイトのようです。また、「Googleはごくわずかな割合」ということも明言していて、本当に遅すぎるサイトのみが影響するようです。

⑨ ページスピードを速くするには

　Googleの評価もさることながら、やはりサクサクと表示されるサイトはユーザーの満足度も高くなります。上述した「PageSpeed Insights」を使うと、どこを改善すればよいかということが出てきます。一般的に、CMSと呼ばれるBlogのような更新システムを搭載したホームページは、Webサーバ上で1つのページを表示するために、たくさんのプログラムが実行されるため、ページスピードが遅くなる傾向があります。
　表示を速くするためには、

> ・オフィシャルサイトで利用しているウェブサーバーの性能を上げる。

> - 無駄に大きな画像を使わない。
> - プログラムを簡潔なものにする。

という工夫が必要です。クリニックで行えることとなると、プログラムの変更はなかなか難しいと思いますが、サーバーの性能を上げる、無駄に大きな画像は使わないということは、直ぐにでもできる工夫だと思います。

　画像のサイズについては、デジカメやスマートフォンで撮った写真をそのままホームページに使ってしまうと、1MB 以上の画像になり、読み込みに非常に時間がかかります。1 つの画像の容量は、せいぜい 80〜100KB（1MB=1024KB）が上限です。基本的には、50KB 以下でお考えください。

　最近は、写真を大きく使ったホームページが主流になり、雰囲気も伝わり見栄えがしますが、サイズとのバランスも必要です。だからといって、極端に画像の少ないページにすれば良いかということではありません。Google は、スピードの判定については、ごくわずかな割合のページのみが対象であるということを明言していますので、サイト訪問者にわかりやすく表現するために、必要に応じて大きい画像を使うことは問題ありません。あくまでも「表示が遅すぎることを注意する」ということになります。

⑩ Google サーチコンソールに登録

　ホームページを公開したら一番初めにすることがあります。それは、Google サーチコンソールへの登録です。

> **Google サーチコンソール**
> https://search.google.com/search-console/about?hl=ja

Google サーチコンソールは、オフィシャルサイトが Google にどのように認識されているかを知るためのツールです。
　では、なぜ最初に登録する必要があるのでしょうか？
　ホームページを公開しても、直ぐに Google の検索にヒットするわけではありません。Google の検索結果の情報は、クローラーと呼ばれる、ネット上を回遊するプログラムロボットによって、日々収集されています。まずは、このクローラーがオフィシャルサイトへ来てもらう必要があります。他のサイトからオフィシャルサイトへリンクが張ってあれば、それをたどって、クローラーが訪問してくれますが、いつ、最初の訪問があるかわかりません。Google サーチコンソールに登録することで、クローラーの回遊リクエストを送信することができますので、ホームページを公開したら最初にすることがサーチコンソールへの登録というのは上記の理由からなのです。

ⓐ Google サーチコンソールでできること・機能
　サーチコンソールでは、検索後にどれくらいクリックされたかや、どのキーワードで順位がどのくらいかというのを調べることができます。

■ サイトマップの登録と登録後
　サイトマップについては、オフィシャルサイトの運営者であることを証明するところから始まります。存在確認については、Google から指定のファイルをアップロードしたり、指定された html タグをサイトに仕込んだりすることで行います。このあたりは、作成された業者にしていただいても良いかもしれません。
　登録が終わりましたら、クローラーにオフィシャルサイトの情報を正しく取得してもらうための作業を開始します。メニューに「インデックス」という項目があり、その中に「サイトマップ」という項目があります。こちらにサイトマップを登録します。

■ サイトマップとは

　通常サイトマップというと、ホームページ内に設置されている「すべてのページへのリンクが掲載されている一覧ページ」を指す場合が多いのですが、サーチコンソールでのサイトマップでは、「XML という形式で書き出された、ホームページの目次・ページ一覧」のことを指します。Blog のようにホームページを作成する CMS（Content Management System）で作成された多くのサイトは、このサイトマップを XML 形式で出力する機能を備えています。その場合たいていは、ドメイン名 /sitemap.xml（例：https://wevery.jp/sitemap.xml）のような、ホー

図16　検索パフォーマンス画面

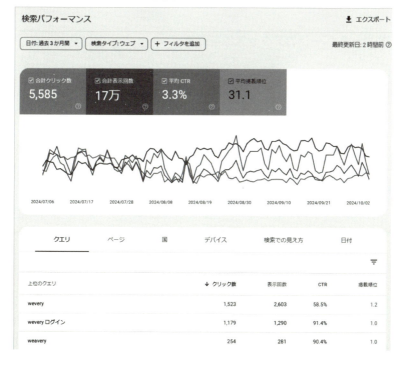

ムページのアドレスからアクセスできるような形で公開されています。

このアドレスをサーチコンソールのサイトマップのページから登録をします。

■ サーチコンソールで何を見るか

「検索パフォーマンス」という部分を見ると、図16のような画面になり、いろいろな指標を見ることができ、参考になります。例えば、どのくらいの人がGoogle経由で訪れているか、どのようなキーワードで検索されて訪れているか、Google上でどれくらいクリックされているか等の指標を確認することができます。

しかし、登録直後は数字も積み上がっていないため、比較検討がし辛いので、1ヶ月から半年程度経過してから閲覧するのが良いでしょう。

⑪ ホームページのアクセス数を知る

ⓐ Google Analyticsを導入する

すでに読者の皆さんはお気づきと思いますが、ホームページの運営においてアクセス数（訪問者数）を知ることは自院のホームページを評価するうえで非常に重要なポイントになります。車でいえば、自分の車が今まで何キロ走っていて、今どのくらいのスピードで走っているのか、燃料はあとどのくらいあるのかを把握することと一緒です。

ホームページのアクセス数を把握するには、専用ツールの導入が必要ですが、多くの種類があるなかから、本書では無料で利用できる「Google Analytics」をご紹介します。

Google Analyticsは、ホームページのアクセス状況を知ることができるツールで、Googleが提供しているWebマーケティングのサービス「Google マーケティング プラットフォーム」にある1つのツールです。Google Analytics単体で利用することもできます。利用方法は

簡単で、

> ⅰ）Google マーケティング プラットフォームの
> 　　ホームページにアクセス
> 　　（https://www.google.com/intl/ja_jp/analytics/）
> ⅱ）マーケティングラットフォームの登録とアナリティクスの
> 　　利用申請（Google のユーザー登録も必要です）
> ⅲ）自院ホームページ用コードを発行
> ⅳ）コードをホームページに埋める

の４ステップだけです。

　コードの埋め込みについては、業者にホームページの運用を任せている場合は、「このコードをサイトに埋め込んでください」と依頼すれば簡単にできますので、すぐに実践してみましょう。コードを埋め込んだその日から、ホームページの来訪者について計測することができます。

ⓑ どの指標を見るか

　図 17 は、Google Analytics のイメージですが、ここからいろいろな指標を計測することができます。専門的な用語もあり、少しとっつきにくいものもありますが、本章では、どの指標から何を評価するのかについて述べます。

　図 17 は、GoogleAnalytics の集客サマリーの画面です。28 日間にどのページに何人が訪問したかやどの端末でホームページを見ているのか、リアルタイムで何人見ているのか等が出てきます。

　いちばん重要なのは「アクティブユーザー」の数です。ここがいわゆるサイトの訪問者の数になります。

　ホームページの開設後は、まずアクティブユーザー 800 人／月を目指しましょう。次章 77 ページで解説する「1 ／ 20（1 ／ 40）の法則」から考えると、800 人のホームページ訪問があれば、確率論として 40

図17　Google Analyticsの計測画面

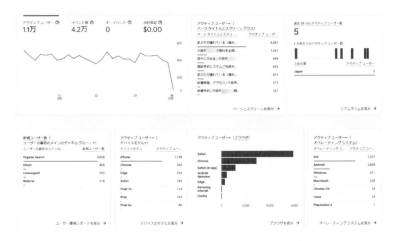

人の新患来院につながると考えられます。ここで40人の新患につながっていないとなれば、例えば、ウェブサイトの訴求力が弱い可能性が考えられますので、サイトを訪れた人が来院まで結びつくような導線をどのように作っていくかを考えていくことになります。

　そもそも、アクティブユーザーが少ないという場合は、根本的にページ数が不足している、あるいは、コンテンツ自体に魅力に欠けるということも考えられます。この場合は、「神器その2　オフィシャルサイト攻略」の章で解説する6原則に従ってコンテンツの充実化や、ページ数を増やすといった改善策を講じることが大切です。

◎ 問診票を活用しよう

　ホームページが有効に活用されているかどうかを知るうえで、新規の患者さんが何を見て来院したかを計測することが大切です。その計測で活用したいのが問診票です。最近では、ウェブでの問診が活用されてい

ますが、問診票の最後の欄に、「何を見て来院されましたか」という質問を1項目加えてください。ホームページを見て、看板を見て、友人知人の紹介、家族がかかっていたからなどの項目を設定しておき、チェックするだけにしておくと良いでしょう。

さらに詳しく計測されたい方は、ホームページだけでなく、問診票のチェック項目に、オフィシャルサイト、病院紹介サイト等を加えると、よりインターネットでの細かい効果を測定することができます。

月別に集計し、ホームページの訪問者数とホームページを見て来院した人を比較して、1/20（1/40）を超えているかどうかを計測してください。

⑫ 独自ドメインを取得する

ⓐ 独自ドメインとは

ドメインとはホームページのアドレス、つまりインターネット上に割り当てられた住所を表すものです。「.com」や「.jp」などトップレベルドメイン（TLD）の種類は数百に及びますが、その前提として好きなネーミングが付けられる「独自ドメイン」と、独自ドメインの下位階層に展開される「サブディレクトリ」、またはwwwの部分が独自のものになっている「サブドメイン」があります。

■ 独自ドメイン

　　　　　　　　　　　TLD
http://www.dokujiclinic.com/

などのような「.」（ドット）の後にTLDが付くもので、クリニックがその利用権を購入して取得するものです。ホームページの作成を業者に依頼されている場合は、月次の保守料金にこのドメインの権利料が含まれている場合があります。

■ サブディレクトリ

　　　　　　　TLD　　　　　サブディレクトリ
http://dokujiclinic.com/0120/54198

　など、TLD 以降に英数字が振られているものです。上記の例で、「/」(スラッシュ) 以降の番号が、それぞれのユーザーのページを表すものです。このドメインの所有権は dokujiclinic.com の持ち主にありますので、例えば、http://youtube.com/wevery の URL の場合、YouTube 母屋の一角を借りたサブディレクトリでチャンネルを展開しているページだと想像ができます。医療機関ポータルサイトの付帯サービスでホームページを作成するケースには、このサブディレクトリの場合があります。

■ サブドメイン

　　　サブドメイン　　　TLD
http://dokuji.dokujiclinic.com/

　のように、独自ドメインでは www.（または、何もない）だったところに、任意の英数字が列挙されたものです。メインサイトを独自ドメインにして、それに付帯したサイトをサブドメインとするケースがあります。

ⓑ 独自ドメインの優位性

　クリニックのホームページを作成するに際して私がお勧めしているのは、検索サイトの順位リストで上位表示に有利な独自ドメインを取得しての展開です。

　サブディレクトリやサブドメインでもクリニック名の検索で上位表示されないことはないのですが、ほとんどの場合は「あるポータルサイトの 1 ページ（または数ページ）」または「メインサイトの付帯サイト」という評価でしかありません。特に都市部周辺など、近隣の医療機関が

多いエリアでは、検索に優位性をもつ独自ドメインにてサイトを公開する方が将来的な拡張性等も含めて有利になります。

　また、そのドメインを管理しているサイトが閉鎖された場合、元のアドレスを使うことが困難になります。その場合、アドレスが変更になりますので、それまで積み上げられてきた検索サイトへのアピールがリセットされ、ゼロからの再スタートということになってしまいます。さらに、ホームページの作成業者を変える場合でも、サブディレクトリやサブドメインでは、元のドメインを移さない限りドメインを移すことができない場合が多く、やはりゼロベーススタートとなってしまいます。これが非常にもったいないのです。アドレスを変更する場合に、Google などでは、サイト引越しの申請をすることができるのですが、原則として独自ドメインであることが申請条件となっています。引越しの申請はほかに方法がないわけではありませんが、そのために労力を注ぐのはいかにも非合理的です。長期的に使用するホームページですから、独自ドメインを取得しての公開が大原則であるとご理解ください。

ⓒ「.com?」「.jp?」

　検索に有利なドメイン名は？　とよく訊かれるのですが、ドメイン名自体に検索上の優劣はありません。かつては、「日本語 .com」のように英文字ではない、日本語のドメイン名が検索サイトの上位表示に有利であるということがいわれていた時代もあったのですが、ほとんど変わらないというのが実態です。

　また、「.com」や「.jp」などの TLD を何にするのかで迷われるケースもありますが、これも好みで良いでしょう。ドメイン名と同様に、どんな TLD をお使いいただいても、検索サイトのリスト順位での有利不利はありません。ただし、取得に関しての一定の制約がある TLD があります。「.co.jp」は日本国内で登記されている法人のみが取得できますし、医療機関で多く使われている「.or.jp」は、医療法人のほか財団

法人、社団法人、監査法人等登録できる法人に一定の条件が定められています。面白いところでは「.kyoto」のように、京都ブランドを盛り上げるために、京都にゆかりのある人や団体が取得要件となっているようなドメインもあります。

ⓓ **短く、わかりやすく**

　独自ドメインであれば、お好きな名称に設定していただくことができます。Google等から検索して、オフィシャルサイトにたどり着くことを考えると、患者さんや求職者の方が、ドメインを意識することはほとんどありませんので、なんでも良いといえばそうなのですが、印刷物に表記したり、メールアドレスに使う場合がありますので、特定のクリニックとして認識できるドメインが良いでしょう。

　例えば私の名を使った「河村内科クリニック」であれば、
kawamura-naika.jp
kawamura-clinic.jp
kawamura-cl.jp
といったドメインです。

　これは私の好みでもあるのですが、長い場合は、名前と診療科、あるいは「clinic」を「-」（ハイフン）でつなぐドメインが見た目上良いように思います。耳鼻科であれば、kawamura-ent.jp、眼科であればkawamura-eye.jpのような形ですね。ドメインを直接アドレスバーに入力してホームページにたどり着くことはあまりありませんので、なんでも良いというのは基本ですが、見た目のわかりやすさと短さを念頭に置いて取得するのが良いでしょう。

ドメイン貸しビジネスに注意しよう

　クリニックのURLは、公開から時間が経過したりアクセスが多くなっていくにつれてGoogleの評価が高くなります。これをドメインパワーと言ったりします。同じコンテンツを公開した場合でも、ドメインパワーの高いURLに紐づいているページのほうがGoogleのランキング上位に行きやすくなります。

　このことを利用して、パワーの高いドメインのサイトのサブディレクトリを使って、サイトを作成し、検索の上位表示させるテクニックが流行しています。ディレクトリを使って新しいサイトを公開することは問題ないのですが、ここ数年「ディレクトリ貸し」という手法が横行しており注意が必要になってきました。

　ディレクトリ貸しとは、上記のドメインパワーを利用して、医院とは関係のない業者が、サブディレクトリに通販やアフィリエイトのサイトを作成して、そこで得られた収益を医院と折半する形のビジネスで、Gooogleが上記の手法を嫌っているため、このことが発覚するとせっかく貯めていたドメインパワーが減少するどころか、Googleからペナルティをもらってしまい、医院のサイトがなかなかGoogleで検索表示されないという現象になってしまうことがあります。

　しかも、Googleはサブディレクトリが必ずしも強いとは言っておらず、同一トピックであればサブディレクトリ、異なるトピックならサブドメインが適しているとしています。

　業者の口車に乗らず、本書籍の内容を体得していただき、正しい判断のもと、健全なウェブサイトの運営をしていただきたいものです。

Chapter 3 神器その2 オフィシャルサイト攻略

　神器その1では情報検索の際に一番最初にたどり着くGoogleの対策をお話ししました。Googleで情報検索した方が次に辿り着くのは、オフィシャルサイトです。
　オフィシャルサイトの攻略なくして患者さんの意思決定はありません。本章では「選ばれるオフィシャルサイト」の作り方に焦点をあてて、どのように作成するのが良いかについてクリニックホームページ6つの原則を中心にひも解いていきます。

（1） クリニックホームページ6つの原則とは

① 院長自身がホームページ制作の指針を決める

　自院ホームページの訴求力を高めたい、特に集患・増患に直接的な効果が期待できるホームページにしたい。私はそうしたニーズにお応えしてきたのですが、その手法自体は、実にシンプルなもので、院長ご自身でも十分に実践できるものです。

　専門業者でしかホームページの効果を出せないのでは!?　というのは大きな間違いで、大切なことは、院長がどのような意図と目的をもってホームページを開設するのか、それを実現するために、ご自身で作成されるのか、あるいは専門業者に依頼するのか。また依頼するにしてもどの業者を選ぶのかといった院長の指針に基づく意思決定です。その指針次第で、以後のホームページ運営のすべてが決まります。

　本章では、その指針を導くために必要な、「クリニックホームページ

6つの原則」を解説いたします。

② オフィシャルサイトの役割と6つの原則

ⓐ オフィシャルサイトの役割

6つの原則を語る前に、オフィシャルサイトの役割について共通認識をもっていただく必要があります。

3つの役割

> ⅰ）SEO、MEO（Google 対策）
> ⅱ）患者さんとオンライン上でつながるハブの役割
> ⅲ）Google では探しきれない情報を伝える

ⅰ）SEO、MEO（Google 対策）：Google に気に入ってもらうためには、オフィシャルサイトの中身が重要になります。

ⅱ）患者さんとオンライン上でつながるハブの役割：患者さんの意思決定を促すメディアですので、オフィシャルサイトが意思決定を促せるものになっているかどうかが重要です。

ⅲ）Google では探しきれない情報を伝える：Google のみでも情報は取得できますが、当然それだけでは足りません。来院を促すような詳細な情報が必要です。

上記の3つについては、大きく、Google 対策と患者の意思決定という2つの要素が関わってきます。この3つの役割を全うするオフィシャルサイトに必要なものが、6原則になります。

ⓑ 6つの原則

6つの原則は下記の6項目です。

原則1　スマートフォンで見やすい
原則2　あるべき場所にあるべきコンテンツを作る
原則3　十分な情報量を掲載する（文字をたくさん・ページを多く）
原則4　更新頻度を上げる
原則5　予約・順番待ちシステム、ウェブ問診、
お問い合わせフォームを導入する
原則6　たくさんのリンクを貼ってもらう

　これらの原則は、本章の論題である「患者さんの意思決定（来院）を高める」ための原則ですが、同時にGoogleにも気に入られるという側面を持っています。前章でも解説しましたが、Googleは患者さんにとって利便性の高いホームページを上位にあげたいと考えています。つまり「Googleに評価される＝患者さんに評価される」ということなのです。

　ですから、この6原則の中には、前章で解説したことも含まれていますので、実はこの6原則を守ることは一石二鳥の効果があると言っても過言ではありません。

③ 検索サイトから来院までの流れを作る

　6つの原則を解説する上で大事なことは、検索サイトから来院までの流れを作るという作業です。

　インターネットを使って情報を検索する利用者のほとんどの方が「Google」や「Yahoo!」に代表される検索サイト（サーチエンジン）を利用しているということは前章でお伝えしたとおりです。スマートフォンの普及で、検索サイトを経由せずYouTubeやIInstagram、XなどのSNSから情報入手する方も多くなってきましたが、検索サイトからスタートする傾向そのものは変わりません。

受診する医療機関を探している方を想定してみましょう。一般的に、「浅草 内科」「神田 耳鼻科」「新宿 歯医者」など、行きたい「地域名」と受診したい「診療科目」をキーワードとして組み合わせて検索する方が大多数です。実際に検索してみると、順番に結果のリストが表示されます。その列挙のなかから気になるリストの項目をクリックして、オフィシャルサイトにたどり着き、「このクリニックは良さそうだ」と思ったら受診するという流れです。

受診するクリニックを決めるまでの一連の流れを整理すると以下の5段階になりますが、私が特に重視しているのはⓑとⓔです。

> ⓐ 1 検索サイトで検索する
> ↓
> ⓑ 2 検索結果から選ぶ
> ↓
> ⓒ 3 選んだサイトを眺める
> ↓
> ⓓ 4 ⓑの結果に戻って、複数のサイトを確認し比較する
> ↓
> ⓔ 5 一番良いと感じた医療機関を受診する

④ 1/20、1/40の法則を知る

まずは「ⓔ 5 一番良いと感じた医療機関を受診する」の重要度について解説します。「ⓑ 2 検索結果から選ぶ」の時点で選択したサイトが1つだけというのはまれで、多くの閲覧者が複数の医療機関のサイトを見て比較検討することになります。そして「このクリニックにかかりたい」と選ばれてはじめて来院につながります。よって、選ばれるための情報量と質が求められることになります。

同時に閲覧者の検索行動では、他のメディアとは異なるインターネット特有のパターン（次項「10秒の壁」を参照）がありますので、その特性を理解しておく必要があります。

ところで、ホームページを見た人が、内容を気に入って、来院につな

がる割合はどれくらいだと思いますか？　弊社が複数の医療機関のご協力を得て来院動機を調査した結果、そこになかなか興味深い法則が見えてきました。医科で1/20、歯科で1/40。つまり、20人（歯科40人）のホームページ閲覧者のうち、1人が来院するという数値的な目安です。この法則に則れば、例えば内科クリニックのホームページで1日に60人の閲覧者がいれば、そこで来院（新患）が期待されるのは3人ということになります。数字の目安として、その数よりも高い割合の来院者が得られていれば、閲覧者のニーズを的確にとらえた充実したホームページだと評価することができます。逆にこの数字より結果が芳しくなかったら、何らかの改善策を講じることが必要だという判断材料になるわけです。

　ただし、閲覧数が3,000人／月を超えると、来院者総数は多くても、来院率自体は低くなる傾向がありますので、目安にされる際は月間で自院のホームページの閲覧数がどれくらいあるのかをあらかじめ把握しておく必要があります。ホームページのアクセス数を把握する方法については、66ページの「ホームページのアクセス数を知る」に詳細を記載しています。

⑤ どんな医療機関かを10秒以内に知ってもらう（10秒の壁）

　表6-①はホームページの滞在時間別の閲覧者数を調査したものです。閲覧者の実に8割以上が「0-10秒」に集中しているのがおわかりいただけると思います。これが、ホームページという媒体の特性を如実に表しています。

　訪問者の思考として最初にすることは「このホームページが自分にとって有益な情報を発信しているのかどうか」の判断です。有益だと判断すれば、コンテンツの続きや次の階層ページに進みます。

　極論をいえば、この最初の10秒が成否を左右する最大ポイントで、10秒以内で閲覧できる視野の範囲に、ホームページ全体の概要がわか

表6-①　ホームページの滞在時間別の閲覧者数

滞在時間	閲覧者数	割合
0-10秒	6,277,937	83.70%
11-30秒	171,720	2.30%
31-60秒	182,086	2.40%
61-180秒	365,385	4.90%
181-600秒	303,834	4.10%
601-1800秒	173,056	2.30%
1801+秒	23,068	0.30%

※ホームページの滞在時間　Wevery!利用者のある期間のデータ

るようにしなくてはなりません。どこに何を配置するのが良いかというのは後述しますが、まずは、"10秒に勝負をかける"ということを念頭に置いてホームページを作成するようにしましょう。

⑥ 原則1　スマートフォンで見やすい

前章でも触れましたが、スマートフォンでの閲覧者が圧倒的に多いため、ホームページはスマートフォンに対応することが必須事項になります。

表6-②　「Wevery!」の端末ごとの閲覧率（再掲）

	2017年3月	2021年3月	2024年3月
モバイル（スマートフォン）	70.7%	84.0%	84.9%
パソコン	24.7%	13.7%	13.6%
タブレット	4.6%	2.3%	1.5%

上記の表6-②をご覧ください。弊社で提供しているサービス「Wevery!」の2024年3月と2021年、2017年の1ヶ月間の端末ご

との閲覧率の比較表ですが、2021年3月の統計では、モバイル（ほとんどがスマートフォン）での閲覧が84.0%と8割を超えています。その後モバイルでの閲覧率は横ばいになっていますが、ほとんどの方がスマートフォンで閲覧しているということは今後も変わることはないでしょう。

ⓐ スマートフォンで何を表示するか

ご存じのようにスマートフォンはパソコンに比べて小さな端末です。

図18は、表示できる面積の比較になります。

px（ピクセル）という単位は、画面上の最小単位の「点」と考えてください。その点がいくつ集まっているかというところで、PCはスマートフォンに比べておよそ3倍以上の表示面積があります。PCの画面を最大にしているかどうかという点も考慮に入れる必要がありますが、それを加味してもスマートフォンのほうが、画面に表示される情報量が少なくなることは明白です。ですから、スマートフォンを意識した場合は、

図18　パソコンとスマートフォンの表示面積比較

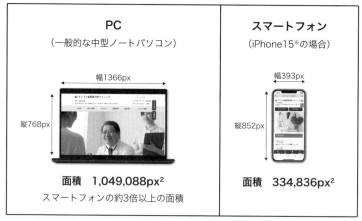

※iphoneはRetinaディスプレイのため公表値ではなく、実際にホームページを表示させた時のpxで換算

伝えたい情報を絞って、厳選していくことが必要になります。どのように表現するかが次の原則「あるべき場所にあるべきコンテンツを作る」になります。

⑦ 原則2　あるべき場所にあるべきコンテンツを作る

　患者さんの意思決定を考えた場合、この原則が最重要になるといっても過言ではありません。スマートフォン全盛のインターネットを考えた場合は、特にスマートフォンで見ている人にどのような順番でどのようなことを伝えるかが重要になります。なかでも、オフィシャルサイトのトップページは、多くのサイトでアクセス数が多く、重要なページになります。

　まずは、トップページにどのようなコンテンツを配置するかについて考えていきましょう。

ⓐ トップページは目次機能

　多くのオフィシャルサイトの中で、アクセス数が最も多いのが、トップページです。

　さて、トップページにはどのような機能が必要なのでしょうか？

　まずは、どんな人がトップページを見にくるかを考えましょう。おそらく、どのページよりも様々な方が想定されると思います。既存患者さんはもちろん、これからかかる医療機関を選ぶ方、医療関係者、紹介元の医師などさまざまです。あわせて、「どんな医療機関かを10秒以内に知ってもらう」の項でもお伝えしましたが、「パッと見てわかる」というのが重要とお話ししました。よって、トップページは様々なニーズの人に10秒で見せるページということです。そうすると、機能としては、「目次」としての機能が最適です。

　トップページの上部は、あらゆるナビゲーションのメニューやボタン、ここはどんな医療機関であるかの明示が必要ということになります。

図 19　パソコンサイトのトップページ例

ⓑ トップページのレイアウトはまずパソコンから考える

　スマートフォンが大事ということでお伝えしているのに、なぜパソコンのサイトを先に出すのかと思った方もいらっしゃるでしょう。本書では、スマートフォンもパソコンも、同じ情報を載せるということを前提にしています。スマートフォンは横幅が狭く縦に長い端末ですので、情報は上から順番に並べるという形になり、実はシンプルです。パソコンについては、縦だけでなく左右にどう見せるかということも必要になってきますので、私は、複雑なパソコンの表示レイアウトを決めてから、スマートフォンの表示レイアウトを考えるという順番にしています。今回もその順番で解説します。

■ パソコンサイトのトップページ例

　図 19 は、パソコンのトップページ例です。

トップページに記載する要素としては、
ⅰ）住所や医院名、電話等が記載されているヘッダー
ⅱ）上部メニュー
ⅲ）メインイメージ・スライド・コピー
ⅳ）サイドメニュー
ⅴ）お知らせ
ⅵ）特徴
ⅶ）治療について
ⅷ）ポリシー
ⅸ）アクセス
ⅹ）診療時間
ⅺ）紹介先
ⅻ）施設基準等で定められている保険医療機関の書面掲示
ⅻⅰ）フッター
となります。

　パソコンのサイトはスマートフォンのサイトに比べて幅が広く、左や右にメニュー等を配置したりすることができます。

■ 左上を基準に作成

　パソコンのサイトについては、左上を基準に作ります。多くの人はインターネットを閲覧する際に、左上から目線をスタートさせます。よって、基本的には、ページの左側に、重要な文字等を置くことが望ましいレイアウトです。

　ですから、ⅰ）については医院名等、初めに目についてほしいものを左に配置しておくことが重要です。この部分には、医院名だけでなく電話番号、診療日、診療時間等を目につきやすい上部に配置します。配置については、クリニック名が左であれば、あとは比較的自由に配置しても良いですが、色や目立たせたいものについては、メリハリをつけて配

置することが肝心です。予約システムへの誘導についてもこのⅰ）のどこかに配置するのが良いと思います。

　ⅱ）上部メニューについては、医院の基本的な情報へアクセスするナビゲーションになりますので、医師紹介のページや、アクセス・地図、診療時間、施設案内等のページへの誘導が良いです。

　ⅲ）は一番重要なポジションです。ホームページは10秒が勝負というお話をしましたが、ここで、自院がどのような医院かを伝える必要があります。ⅲ）については、88ページの「トップイメージは最重要」で説明いたします。

　ⅳ）サイドメニューについては、ⅱ）で誘導しきれなかった項目へのナビゲーションになります。基本的には、疾患ごと（106ページ「疾患毎にページをつくる」を参照）につくったページへの誘導をこちらで行うイメージです。

　ⅴ）については、休診情報などのお知らせを記載する部分です。

　ⅵ）〜ⅺ）については、ホームページ全体を簡単に説明するための要約部分と思ってください。例えば、ⅵ）の特徴であれば、いくつかの特徴を画像つきで簡単に説明して、最終的には、特徴のページへ誘導します。トップページで全てを語らないのがポイントです。

　ⅷ）のポリシーについても同様です。医院で大切にしていることのまとめを3〜4行程度記載し、院長挨拶等に誘導します。

　ⅶ）の治療については、貴院で行っている治療について記載します。こちらは、患者さん目線というよりはGoogle目線になるかもしれません。

　内科であれば、「風邪、扁桃腺炎、発熱、疲れ・疲労、だるい、体重減少、立ちくらみ、食欲不振・減退、花粉症、蕁麻疹……」のように病名と症状を列挙して、当院はこんな症状の患者さんを診ますという表記をこちらで行います。耳鼻科や整形外科でしたら、鼻の症状や腰の症状というように体の部位別にタイトルをつけて症状や病名を記載しても良

いでしょう。内科の例では、病名と症状を合わせて記載していますが、病名と症状を分けて記載しても良いです。とにかく、ここには医院に関わりのある、あらゆる病名や症状を記載しておく必要があります。

　ⅸ）アクセスについては、地図を掲載することを想定していますが、最寄駅から徒歩何分という記載をつけることによって「最寄駅」のキーワードをトップページに記載することができます。ⅰ）のヘッダー部分でも、最寄駅についての記載を行ってください。さらに、ⅻ）フッターでも最寄駅を記載します。わざとらしい繰り返しはNGですが、必要な位置にキーワードを配置することは問題ありませんので、Google 対策として地図周辺に、最寄駅等の情報を併記しておくことが重要です。

　ⅺ）紹介先については、連携している病院等を列挙します。病院名をクリックするとリンクが張られていて、当該病院にジャンプさせるのが良いでしょう。リンクに際して、公開されているサイトであれば特に許諾の必要はありませんが、地域連携室などにお声掛けしておくと安心です。

　ⅵ）〜ⅺ）の項目の順番については、これといったルールはありません、クリニックで大事だと思う順番に記載しましょう。

　ⅻ）施設基準等で定められている保険医療機関の書面掲示について2024年6月施行の診療報酬改定では、これまで院内などに掲示義務が

記載例　**患者様へのご案内（保険医療機関における書面掲示）**

明細書について
当院は療担規則に則り明細書については無償で交付いたします。

一般名での処方について
後発医薬品があるお薬については、患者様へご説明の上、商品名ではなく一般名（有効成分の名称）で処方する場合がございます。

医療情報の活用について
当院は質の高い診療を実施するため、オンライン資格確認や電子処方箋のデータ等から取得する情報を活用して診療をおこなっています。

課されていた施設基準の案内について、原則ウェブサイトにも掲示するように改変されました。記載すべき項目については、医療機関ごとに違いは出てきますが、記載例を参考にしながら文章を考えていただければ、ほとんどの医院では十分な内容になっているでしょう。

　xiii）フッターについては、ヘッダーに記載した情報や医院の基本的な情報等をまとめて記載します。ⅰ）ヘッダーの繰り返しということでも良いかもしれません。

■ スマートフォンサイトの表示例
Ⅰ　ハブになるための配置を意識する
　基本的な考え方はパソコンサイトと同様です。ただし、横幅が狭い端末で閲覧しますので、基本的には縦に1行長いページを意識します。
　まず、いちばん大事なのは、最初の画面で何を表示しているかです。
　図20の端末の画像をご覧ください。たくさんのボタンが配置されているのがわかります。
　最初の画面で必要な情報については、ボタンや固定メニューを使って表示することが必須です。特に、アフターコロナでは、予約や問診、オンライン診療やお問い合わせなど、オフィシャルサイト以外のシステムに連携するリンクボタンが必要です。これらがわかりやすく配置されていることが重要になります。

Ⅱ　トップページ全体に何を表現していくか
　図21が全体の配置例です。80～81ページに記載したⅰ）からⅲ）までが、最初に表示された際に、画面に収まっていることが望ましいです。
　電話については、タップしたら電話がかかるようにすることが必要です。この電話の部分に、予約への誘導やお問い合わせフォームへの誘導ボタンを入れても良いです。

Chapter3 | 神器その2 オフィシャルサイト攻略

最初の画面に表示したいボタンや情報
- 基本情報（医院名、診療科目、アクセス、診療時間等）の表示や誘導ボタン
- 電話ボタン
- 予約ボタン
- ウェブ事前問診ボタン
- オンライン診療への誘導ボタン
- 問い合わせフォームへのボタン

図20 スマートフォンの端末画像

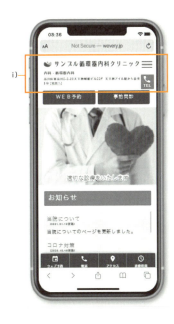

図21 スマートフォントップ画面の配置例

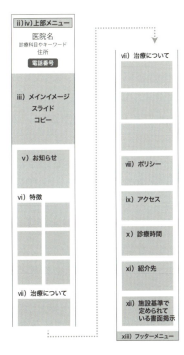

ⅱ）、ⅳ）のメニューについては、ボタンを押したときに、スライドするなどして折りたたみ式でコンパクトに表示できる方が良いです。また、ページのどの位置にいても、常に上部に表示されるようにすることで利便性が高まります。

最初の画面以降、サイトの中盤から下部については、比較的早くスルスルと閲覧されることを想定して、タイトルの表示等メリハリをつけて構成することが大切です。

Ⅲ 固定されたメニューやボタンをつける

xiii）のフッターメニューについては、パソコンのサイトには出てこない部分です。ⅱ）ⅳ）の上部のメニュー同様、ページのどの位置を閲覧していても、常に最下部に固定で表示されているものです。こちらについては、電話や予約、地図ページ等、よく閲覧されるページへの誘導を意識して、3〜5個程度ボタンが表示される形式にしましょう。画面の上部と下部に固定のメニューやボタンを配置して、重要なページへの誘導を逃さないようにします。

■ トップイメージは最重要

パソコン、スマートフォンともに、トップページに大きな画像などを掲載して、その場所に特徴などを記載するのが王道です。前項のパソコンのレイアウトにもあったように、基本情報やナビゲーションメニューの次にくるのがメインイメージの部分です。ここは目立つように作り、かつ、わかりやすく特徴を述べていく必要があります。「最初の10秒に勝負をかける」はスマートフォンでも同様で、高確率な新患獲得のためには、さらに以下の2つのポイントに注力していくことが必要です。

Ⅰ ハード（建物や内装）ではなく人を配置する
Ⅱ 専門性（診療内容）を明らかにする

I ハード（建物や内装）ではなく人を配置する

　開院時にホームページを作成する場合、建物や内装（ハード）が新しいので、それをメインイメージに据える方が多く見受けられます。それもウリの1つとして悪いことではないのですが、イメージ画像等に人が配置されていた方がクリックされやすい、また、意思決定されやすいという傾向があります。オフィシャルサイトのメイン部分もこれに則って、ハード面ではなく、「人」を配置する方が好印象を与えます。できれば患者さんが特定できないアングルでの院長の診察風景を、そうでない場合は、人のイメージ写真でも良いでしょう。実際に勤務している受付や看護師を登場させるのも親しみを感じさせるイメージ戦略としては悪くないのですが、パートスタッフの場合は、退職や休職などによる写真の差し替えが生じますので、メンテナンスの手間を考えたら院長が自ら登場するのが無難だといえます。

II 専門性（診療内容）を明らかにする

　イメージ画像部分の有効性を高めるために、「専門性や診療内容を明らかにする」ことも重要です。専門性については、多くの場合院長の診療上の強みと重なりますので、具体的な疾患の種類に対してどのような検査・治療等を実施しているのかを明らかにすると良いでしょう。ただし、専門性を打ち出しすぎることで、その他の患者さんを逃してしまうことには注意が必要です。

　例えば、一般小児科を標榜しながら、アレルギー疾患を強調すると、予防接種や乳幼児健診を受ける方が来院をためらう可能性が生じてしまいます。むしろそれで良いという場合は問題ありませんが、標榜診療科全域の患者さんをカバーすることを意識される場合は、「当院は一般的な小児科診療のほか、アレルギー疾患の治療に強みをもったクリニックです」等の書き方で、打ち出し方を工夫して来院動機につなげてください。

■ 費用や期間を明示する

　患者さんが知りたい情報として重視する要素に「受診費用」と「治療期間」があります。日常生活のなかでのかかりやすい疾患であれば、ある程度の見当がつきますが、初めて診てもらう疾患については、費用と期間がどのくらいかかるのかに不安を感じるものです。そうした不安を軽減させると同時に、治療の透明性を確保する意味でも費用と期間を明記することは効果的です。

　とはいえ、クリニックで扱う診療の点数を全て表記するわけにもいかないので、専門性の高い診療や自費診療など、価格についての問い合わせを受けそうな内容に絞って明確にするということが良いでしょう。特に自費診療については、広告ガイドラインでも明記するように記載されていますので、明らかにすることが必要です。

　患者さんの症状には個別性がありますから、費用や治療期間を固定化して記載するのが難しい場合も当然あると思います。そうした場合は幅を持たせて、おおむねこれくらいという記載が無難です。例えば禁煙外来であれば、「2ヶ月間で15,000円程度」のような形での記載が良さそうです。ある程度幅をもたせての表記は広告ガイドラインでも認められています。

> **価格を明確にする分野例**
> ・予防接種
> ・検診や検査（オプションがあればそれも記載）
> ・AGA、EDなど
> ・にんにくやプラセンタ等の注射
> ・禁煙外来などの特殊外来
> ・手術
> ・美容関連の施術

健診や検査等については、開始から終わりまで、何時間くらいかかるのかを明示し、また、事前に予約が必要なのかどうかについても記載が必要です。

■ 院長やスタッフのプロフィールを記載する

　どんな院長に診てもらうのかということもまた、患者さんにとっての大きな関心事で、受診動機にも影響する要素の1つです。やはり、実績豊富な専門医に診てもらいたいとは誰もが思いますし、逆に院長にとっても、自身の強みが発揮できる患者さんに来ていただきたい。そのためにも、院長のプロフィールを掲載することは必須です。

　プロフィールといっても、あまり仰々しいものではなく「出身大学と医局、略歴」「専門資格」「所属学会」の3つを基本に揃えるということになります。同一医療圏の中核病院等での勤務経験があれば、患者さんにとってはスムーズな連携が連想されることで受診動機につながることが期待できます。なお、ウェブの広告をする場合については、プロフィー

図23　人物写真の撮影ポジション

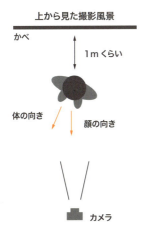

図24　人物撮影時の構図

ルに出身大学だけでなく、卒業年度の記載がないと広告出稿が受け付けられない場合もありますので注意が必要です。

　ご自身の情報を公にすることに抵抗感がある方もいらっしゃると思いますが、地域患者さんへ安心をご提供することが目的であることを意識することが大切です。

■ 院長の写真を掲載する

　前項プロフィールの延長になりますが、やはり院長の写真は必須だろうと考えます。写真が掲載されているクリニックとそうでない場合を比べると、安心感の違いが一目でわかります。

　ところが、一部の院長から出てくるのが「自分は写真写りが良くないから出したくないんだよ」という、なんとももったいないお言葉です。しかし、私の経験則からいえば、それは写りが良くないのではなく、キチンと撮っていないからなのです。できれば、スタジオでプロに撮ってもらったものを掲載するのが良いのですが、忙しいなかで、時間的に難しいという方もいらっしゃいます。そこで、身近な方に手軽にスナップ写真を撮ってもらうことになるわけですが、ある程度の「コツ」を押さえれば、素人でもそれなりのものが撮れるものです。

　図23は天井から見た撮影の配置ですが、この「位置と向き」が重要です。バックの壁から院長は1ｍ程度離れるようにしてください。壁に近いと、影が映り込んでしまうことがあります。壁は白でなくても、医学書が並んでいる棚でも良いでしょう。

　また、一眼レフカメラ等での撮影でしたら、レンズのＦ値と呼ばれる「絞り」を開放（数字を小さく）して撮ると適度に背景がぼやけて被写体の院長が際立ちます。いまはスマートフォンでも、背景をぼかして撮れる機能がついているものもありますので、高価なデジカメである必要はありません。部屋が暗く、やむを得ずストロボを使用する場合は、外付けのストロボをご用意いただき、被写体ではなく白い天井に向けて照

射（バウンス）させて撮るようにしてください。部屋全体を明るくすることで、赤目や不自然な濃淡を防ぐことができます。できれば部屋を明るくして、たくさんの方向から光が入るようにすることができればベストです。

　からだの位置ですが、正面からのアングルでは、顔はカメラを、体は、やや斜めを向いて撮ると硬さが取れ、自然な雰囲気になります。くれぐれも締まりのない印象を与えないよう、モデルになった気分でカッコつけて撮ってください。これも私の経験則ですが、思い切りカッコつけて撮った方が何十倍もイイ男、イイ女に見えるものです。

　次に大切なのは写真の構図です。

　図24のように、体の中心を意識して、適度な余白をとりましょう。ある程度の余白がないと、窮屈さが出てしまいます。

　写真はあとからトリミング加工をしますので、できるだけ全身を入れて撮影したほうが良いのですが、少なくとも「へそ」から上あたりを収めるのが良いと思います。服装については、普段診療されるときの服装が一般的ですが、患者さんにどう印象づけたいかというコンセプトがあれば、スーツでも、ケーシーでも、普段着でも構いません。表情はもちろん笑顔です。患者さんに向けて親しみを込めた優しさを意識されてはどうでしょうか。

　プロのカメラマンによる撮影でも、1シーンで20～30枚撮ることは普通です。素人であれば、なおさらたくさんの枚数を撮ってください。昔のようにフィルムを現像する時代ではありませんし、いろいろな表情とポーズで何十枚でも撮って選択の幅を広げましょう。

　ホームページに掲載する写真は、自院のスタッフに選んでもらうのも一考です。なによりも院長の診察姿を理解されていますし、患者さんに好印象を与える視点も持ち合わせています。人は最初の0.25秒で印象をとらえるといわれています。秒数については諸説あるのですが、とても短い時間ということでは、ほとんどの説が共通です。患者さんにとっ

て、どんな先生に診てもらうかは重要なポイントですので、是非ホームページに掲載する写真はこだわって撮ってみてください。

■ スタッフの紹介

院長だけでなく、看護師、コメディカルを紹介することも良いことです。整形外科などリハビリを行っている医院であれば、院長以上にリハビリスタッフが患者さんと長い時間を過ごすことになりますので、人物像を知るだけでも安心感が高まります。また、スタッフの医院ロイヤリティーを高めることにも役立ちますし、採用の応募を増やすことにも役立ちます。

スタッフについては詳細なプロフィールは必要ありません。また、写真についても掲載したほうが良いですが、なかなか同意が得られないケースも多くあります。そのような場合は、イラストで掲載するという方法もあります。インターネットで写真を送るとイラストにしてくれるサービスがあり、1枚数千円程度で可能です。一度イラストにすると、ホームページだけでなく、名刺や院内報、SNS等でも利用できますので依頼する価値のあるものです。

■ 診療時間表や診療カレンダー、医師担当表を作る

患者さんにとって、何曜日の何時〜何時まで診療しているのかは、知りたい情報の中でも重要な項目の一つです。よって、診療時間の表や診療日に関するカレンダー等をホームページに掲載することは必須です。

■ 診療時間表

診療時間表については、次ページの表7がスタンダードです。

■ 医師名を入れる場合はスマホを意識して縦長でもOK

担当医師を表記したり、時間が複雑になる場合は表10のような表記

表7　標準的な診察時間表

	月	火	水	木	金	土
9:00～12:00	○	○	○	−	○	※
15:00～18:00	○	○	○	−	○	−

※土曜午前は 9:00 ～ 13:00

表8　担当医師を記載する場合

	月	火	水	木	金	土
9:00～12:00	院長 副院長	院長 副院長	院長 副院長	院長※	院長 副院長	院長 副院長
15:00～17:00	院長 副院長	副院長	院長 副院長	−	副院長	副院長
17:00～19:00	院長	−	副院長	−	副院長	−

※第2、第3木曜のみ

表9　スマートフォンに適した改善例

	午前 9:00～12:00	午後 15:00～18:00	夜診 17:00～19:00
月	院長 副院長	院長 副院長	院長
火	院長 副院長	副院長	−
水	院長 副院長	院長 副院長	副院長
木	院長※	−	−
金	院長 副院長	副院長	副院長
土	院長 副院長	副院長	−

※第2、第3木曜のみ

表10　複数の診療科目で分けた場合

	内科		皮膚科	
	午前	午後	午前	午後
月	○	○	○	○
火	○	○	休	休
水	○	○	○	○
木	○	休	○	休
金	○	○	○	○
土	○	休	休	休

図25　診療カレンダー

表11　日付順診療カレンダー

	午　前 9:00〜12:00		午　後 15:00〜18:00	
	1診	2診	1診	2診
5月2日(月)	院長	副院長	院長	副院長
5月3日(火)	休	休	休	休
5月4日(水)	休	休	休	休
5月5日(木)	休	休	休	休
5月6日(金)	院長	副院長	院長	―
5月7日(土)	院長	大学病院派遣医師	―	―
5月9日(月)	院長	副院長	院長	副院長

になります。

　この場合、横幅の広いパソコンでは問題なく表示できるかもしれませんが、スマートフォンで表示した場合、1枠の横幅がせまくなり、文字が入りづらくなります。こうした場合は、表の縦横を逆にすることで改善できるケースがあります。

　診療時間だけでなく、表を入れる際は、横幅のせまいスマートフォンで見やすいかどうかという点に気配りをして組み立てることが必要です。

　表9は時間を3つの縦列の区切りで分けましたが、表10のように診療科目を横軸に置いても良いです。

■ 診療カレンダー

　ひと月ごとにカレンダーを更新して、休診日等を明確にしたいというクリニックも多いと思います。

　カレンダーを毎月表で作成するのは面倒な作業になります。また、カレンダーの特性上、月曜から日曜日までの横列と1週目から最大5週目までの縦行が必要になりますので、スマートフォンのことを考えると、1マスの中に入れる文字というのは日付くらいになってしまいます。その場合は、図25のように色分けをうまく使って表示するのがベストです。

　また、表11のように上から日付順に表にすることで、スマートフォンでも見やすい表記ができるかもしれません。

■ アクセス（地図・案内図）ページを作る

　クリニックへの案内地図は、Google Mapをはじめ地図ツールを貼り付けることができます。

　Google Mapをサイトに貼り付ける場合は、Google Mapのホームページ（https://www.google.co.jp/maps）にアクセスし、自院の住

所を検索窓に記載すると図26のような画面になります。画面内の「共有」というボタンをクリックし、ホームページ埋め込み用のコードをコピーして、ホームページに貼り付ければ、Googleの地図をホームページに貼り付けることができます。このコードを貼り付けて公開ページに利用する場合、一般的なクリニックのホームページであれば、使用許諾を取得する必要はありません。

　Google Mapを貼り付けることのメリットとして、スマートフォンで閲覧している場合に、この地図をクリックすると、地図アプリが立ち上がりますので、現在地からのナビゲーションとして活用することができます。

　また、ウェブのサービスなので地図が常にアップデートしていて、医院側で改修する必要がないということがあげられます。

　しかし、Google Mapは、実寸に基づいた地図だけに、周辺の道が入り組んでいる場合などは逆にわかりにくいという声も聞かれます。その場合は、イラストで地図を作成することをお勧めします。最寄り駅か

図26　Google Map

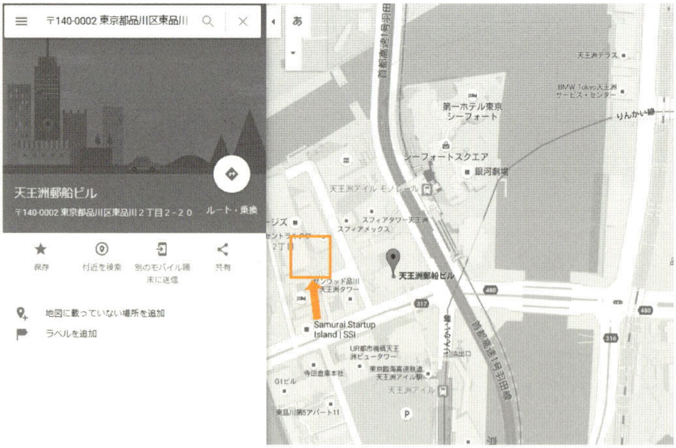

らの徒歩経路を表示したり、駐車場の台数や、目印を入れたりすることもできますし、なんといっても、感覚的な距離を投影することができます。イラストを使用する場合でも、クリックでGoogle Map等の地図サイトにジャンプできるようにすることを忘れないでください。スマートフォンのアプリが立ち上がるようになっているだけで、利便性がだいぶ違います。

今回はGoogle Mapを例に出していますが、他の地図サイトのツールでも構いません。お好きな地図サイトの埋め込みツールをお使いください。

⑧ 原則3　十分な情報量を掲載する
　　（文字をたくさん、ページを多く）

「Googleの上位表示対策（SEO）基本の考え方」でご紹介した「The 2024 Google Algorithm Ranking Factors」によると、Google検索順位を決定する要因の1位と4位が、ホームページの中身に関する要因でした。特に近年、Googleは「たどり着いた方に必要十分な情報量があるページ」を評価するようになってきました。Googleはどのようなページが閲覧者にとって有益なのかという研究を行っていますので、「Googleに気に入られるページ＝患者に気に入られるページ」と考えていただいて良いです。

さて、ここでいう十分な情報量とはどういうことでしょうか？ ページの質とページの量という観点で解説いたします。

ⓐ ページの質をあげる

■ ホームページの文脈まで判断できるGoogle

インターネットを利用している人が情報にたどり着こうとした際に、弊社調べでは、9割の方がGoogleを使っている※ということはすでにお伝えした通りです。これは日本だけではなく、世界中の地域（Google

---

※ 実際にはGoogle6割 Yahoo! 3割ですが、Yahoo!はGoogleの検索エンジンを利用しているので、両方合わせて9割と表現しています。

が制限されているなどの一部地域を除く）でこの傾向は当てはまります。

　なぜGoogleのシェアが高いかというと、理由はもちろんさまざまありますが、なんといっても検索結果の精度が高いからということは自明だと思います。

　Googleは「bot」という、インターネット中の情報を収集する、自動のロボットのようなものを稼働させて日々情報収集をし、収集された膨大なデータから、検索した人のニーズに合うサイトやページを順位付けして表示しています。

　さて、Googleはホームページの内容をどれくらいの理解度で読み取っているのでしょうか？ 2019年10月におこなわれたGoogleのBERT（バート）と呼ばれるアップデートでは、自然言語処理技術、いわば人間の言語をコンピュータに理解させるための仕様変更があり、理解能力が格段に向上したと言われています。日本語では中学生レベルの読解力と言われています。

■ どのように精度が上がったのか？

　Googleは読解の精度についての詳細を明らかにしていませんが（プログラム・アルゴリズムの内容は企業秘密なので）、現段階では、文脈の理解までできるよといわれています。文脈の理解とはどういうことでしょうか？

　例えば、Googleで「胃の痛みを治す」と検索した場合、2010年代くらいまででしたら、ページ内に「胃が痛いのを治す」に近しいキーワードが入っているページが上位に上がってきましたが、ページの文脈や検索している人の意図を汲み取って、Googleが「消化器内科を探しているのではないか」という理解をしてくれるようになっています。さらに消化器内科のなかでも、「ここまで文章が体系立てて書かれているということは、消化器の疾患を専門的に診ることができる医療機関ではないか」というニーズも読み取り、秀逸なコンテンツを提供しているホーム

ページが検索順の上位にしっかりと表示されるようになります。

「胃が痛い」「消化器内科」という2つの言葉としては違うキーワードを似ているとひも付け、さらに文章の内容や充実度を見て検索結果を作りだしているということになります。また、精度が高まるということは、「わかりやすい文章か」という点も見られているということになります。医学用語満載の文章よりは、より患者さんにとってわかりやすい文章であることも、評価の対象になります。

■ 1ページあたりの分量をあげる

患者さんやGoogleにとって、見て良かったと思えるような内容であれば、当然のことながら相応の分量が求められます。そのために、検索してもらいたい疾患についてページを作り（例えば「アレルギー性鼻炎の治療」等）、**少なくとも2,000～3,000文字程度で文章を作る必要があります**。文字量については後述しますが、例えば「アレルギー性鼻炎」の情報を知りたい人が、コンテンツのどの部分に興味があるかについては十人十色ですので、多くの人のニーズを満たす、網羅的な情報であることが必要です。疾患の網羅的な情報を記載しようと思うと、少なくとも2,000～3,000文字は必要になってきます。

多くの方が、そんなボリュームの文章を書くのは大変!!　と感じていると思います。でもご安心ください。ホームページは印刷等と違い、少しずつコンテンツを追加していくことに長けている広報媒体です。せっかくの有利な機会を逃す手はありません。一気に3,000文字のコンテンツを仕上げるのではなく、日々、コツコツと文章を追加していき、最終的に3,000文字以上の充実した内容にしていけば良いのです。

■ 検索している人の「問い」に網羅的に応える

医療機関のホームページに閲覧者が何を求めてきているかは千差万別です。本書では、1ページあたり、2,000～3,000文字は必要と述べ

ていますが、それは、人によって探しているものが違うので、網羅的な情報が必要になるのです。

例えば、内視鏡検査のページを例に取ってみましょう。

まずは、内視鏡検査のページにたどり着く方が、何を目的にしているか考えてみましょう。

　Ⅰ 内視鏡検査の概要（そもそもどういうものなのか）
　Ⅱ 検査の値段
　Ⅲ 検査の時間やスケジュール
　Ⅳ 検査によって何が分かるのか
　Ⅴ 検査は痛いのか、苦しいのか
　Ⅵ 内視鏡検査に種類はあるのか

など、細かいところまでたどればキリがありませんが、上記の6つを1ページで説明しようとすると、1項目あたり300文字だとしても、1,800文字が必要になります。これが、胃内視鏡と大腸内視鏡の場合分け、経鼻内視鏡と経口内視鏡の場合分け等も考えるとなれば、3,000文字くらいは軽くいきそうですね。

長いページを見やすくする術は前述のとおりですが、閲覧者の満足度を考えると「探していた情報がない」ことで、来院につながりにくくなります。「書いてあれば行きやすい、書いてなければ行きにくい」のです。

AクリニックはBクリニックはインフルエンザの予防接種の価格は掲載していませんでした。さて、AクリニックとBクリニックどちらが行きやすいでしょうか？　当然Aクリニックの方が行きやすいですよね。価格だけでなく、様々な情報が、上記のように、「記載されていないことへの不満足→来院しづらい」ということにつながります。ですから、あらゆるニーズに応えられる情報量を網羅していくことが必要になるのです。

図27 キーワード検索のサンプルイメージ

■ **見出し、中身のブロック型で構成する**

　前項で、ホームページの中身を充実させることの優位性についてお話をしました。そのためには1ページあたり2,000〜3,000文字の分量が必要です。しかし、選ばれる医療機関のホームページになるためには、文章をただ書き並べるだけではダメです。読み手にとって見やすく表示してあげる必要があります。

　図27をご覧ください。Googleにて「東京駅　内科」というキーワードで検索した際のサンプルイメージです。クリニック名等の見出しがあり、その後、グレーの文字で数行の説明があり、それが一対のブロックとなって下に続いています。実は、このGoogleの検索結果の構造が見やすいサイトのヒントになります。

■ **見出し・説明のブロックを積み重ねる**

　単に文字を羅列してコンテンツを作るのではなく、ブロック型にしてコンテンツを構成することで、訪問者にとって見やすいものになります。

　訪問者が最初に目にするのは、各ブロックの見出しです。見出しを見

て、自分の探している内容かどうかを見極めます。自分の探している情報の見出しが見つかったら、Google であれば、クリックしたり、その周辺にある説明やキーワードを見るでしょう。Google の検索結果は非常にシンプルなつくりになっていますが、検索する人の導線を徹底的に研究していて、理にかなった構造をしています。ですから、インターネットのコンテンツは基本的に Google の良いところを模倣してください。もちろん医療機関ならではの工夫も必要ですが、基本的には、見出し・説明のブロックを積み重ねてコンテンツを作っていくのです。

　医療機関のホームページを考えるにあたり、見出し・説明の一辺倒ではまだ読みにくい可能性があります。そのために、見出しにメリハリをつけたり、画像や表を挿入してより視覚的な効果を高める必要があります。

　図 28 は、ページ構成の理想的な形です。見出しと説明のブロックが連なっているだけでなく、見出しの種類を大中小と分けることによって、内容がより見やすくなります。また、文字だけでなく、ところどころに、画像や表を挿入して、文章を読まなくても、このページがどのようなイメージの内容であるかを示すことができれば、より良いコンテンツになります。

　ページの上部にある画像のことを「キービジュアル」や「アイキャッチ」という呼び方をしますが、画像を併用して「要するにこのページ（ブロック）は何を言おうとしているのか」ということを一瞬で伝えることで、ホームページ訪問者の満足度もあがり、同時に Google の評価も高くなります。

■ 見出しには重要なキーワードを盛り込む

　ホームページの閲覧者が見出しに注目しているということはご理解いただけたと思います。注目しているということは、目に止まりやすいということなので、見出しには重要なキーワードを盛り込んでいく必要が

図28　理想的なページ構成の基本形

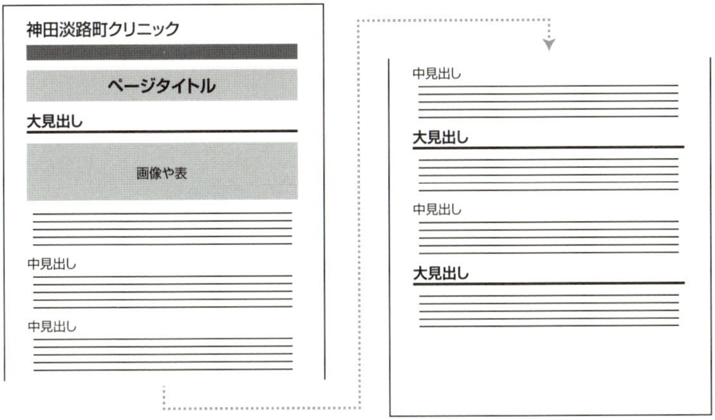

あります。そこで、目に止まりやすい、また、閲覧者が探していると思われるキーワードを盛り込みます。

以下、見出しの2つの例をご覧ください。

> 例1　舌下免疫治療薬について
> 例2　舌下免疫治療で使われる薬「シダキュア」「シダトレン」の違い

例1は、舌下免疫治療で使われる薬についての説明が続く見出しとして標準的なものといえます。これでも問題ないのですが、舌下免疫治療の検索者が「薬についても知りたいのでは」と仮定すれば、すでに名前くらいは聞いたことがあるのではないか、あるいは、スギ花粉舌下液のシダトレンを使っていて、「新しい薬が出たようだ」という情報を得た人が検索者であるとしたならば、例2で示した例の方がより目に止まりやすくなります。

また、Googleで「シダキュア　シダトレン　違い」と検索された場合を想定すると、Googleでの評価も若干ですが高くなりますので、上

図29　目次表示

```
ページタイトル

目次
・タイトル1（目次の1項目）
・タイトル2（目次の2項目）
・タイトル3（目次の3項目）
・タイトル4（目次の4項目）
※タイトルをクリックしたら該当のタイトルにジャンプする仕様

タイトル1
・・・・・
タイトル2
・・・・
タイトル3
・・・・
タイトル4
```

位表示も期待できます。どのようなニーズでホームページにたどり着いているかを想定してキーワードをあぶり出し、それを盛り込んで見出しを作る必要があります。

■ ページが長い場合は目次をつける

　文字数が多くなると、ページが長くなります。そうすると、当然のことながら、ページの下部にある文章にたどり着く確率も低くなり、折角、コンテンツとして用意しているのに閲覧者に伝わらずに終わってしまうことも想定されます。それを防ぐために、長いページになってしまった場合は、図29のように、ページ上部に目次をつけることをお勧めします。ページ内の見出しを抜き出して、目次形式にして、目次をクリックすると該当のブロックにジャンプする仕組みです。

　目次をつけることで、ホームページの閲覧者が、探している情報にた

どり着きやすくするだけでなく、見出しに使われている重要なキーワードが繰り返し使われることで、Googleは「見出しや目次で繰り返し使われているキーワードは、このページが主張したい重要なことだ」と認識してくれますので、そのキーワードでの検索結果の上位表示に有利になります。

　ただし、むやみやたらに、そのキーワードを乱発してはいけません。Googleは、文章の構造などをある程度理解することができます。キーワードを乱発しているということをGoogleは認識できますので、闇雲にキーワードを挿入することはしないようにしてください。それ以前に、そのようなキーワードが乱発された文章は読みにくいですから、仮にGoogleの目を逃れることができても、患者さんが意思決定してくれるレベルの文章になっていない可能性も多いです。テクニックも重要ですが、患者さんが知りたい情報がわかりやすい位置に表示されて目にしっかりとまるということを意識してください。

■ AIにコンテンツを作ってもらう？

　AIを使うことで、文章の作成が苦手な方でも、楽に文章が作成できるようになっています。ChatGPTに代表される生成AIは、医学的な知識も比較的正しくアウトプットすることができるようになり、ますます利用したいところです。

　一方、Googleは独自性のあるコンテンツを好みます。ところがAIで作成された文章については一般的で無味乾燥とした解説文章になってしまうため、Googleの評価が下がるのではないかとも言われています。GoogleはAIで生成されたコンテンツについては評価をどうするかという点を明言はしていませんが、作成の手段ではなくAIが生成したコンテンツでも、**専門性（Expertise）、経験（Experience）、権威性（Authoritativeness）、信頼性（Trustworthiness）（E-E-A-T）** の基準を満たし、ユーザーにとって有益であれば、検索結果で高く評価

される可能性があるとしています。つまり、AIによるコンテンツ生成そのものはNGではなく、質の高いコンテンツである限り問題視しないとしています。ただし、AIを使って低品質なコンテンツを大量に生成し、検索ランキングを不正に操作しようとする行為はスパムとみなされ、Googleのガイドラインに違反する可能性がありますので、作成をする場合は、あくまでも人間が作成するための補助的なツールとして利用するのが良いでしょう。

■ たくさんページを作る

　シンプルなホームページをご所望される院長は多いのですが、実は、Googleの評価は逆です。ページを多くして、文章は長くしていただくことの方が評価が高くなる傾向にあります。

　前項で、理想的な文章量は1ページあたり2,000～3,000文字ということはお伝えしました。ページ数についても多い方が有利です。ページ数は、サイト規模の大きさを表します。規模の大きいサイトは、Googleでの評価が高くなる傾向があります。以前は、オフィシャルサイトのトップページが検索結果にかかることが多かったのですが、最近はGoogleの検索プログラムの性能が上がってきていて、トップページ以外のページも検索結果に出ることが多くなっているということは、ネットユーザーなら誰もが体感されているでしょう。

　ですから、ページ数が多ければ多いほど、検索される候補ページの数が増え、有利になります。だからといって、下手な鉄砲数打ちゃ当たる、の考えではダメです。意味のあるページを増やしていくことが重要です。例えば数文字程度のページを無尽蔵に増やしていくと、Googleには「無用のページがたくさんある価値の低いサイト」とみなされてしまいますので注意してください。

　意味のある、充実したページを増やしていくことで、検索のリストで上位に表示され、好結果が得られることになるわけです。

図 30　理想的なページ構成

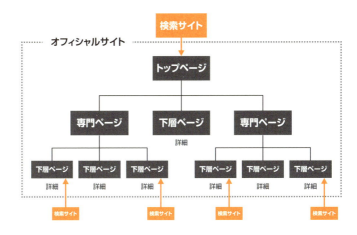

■ ピラミッドを意識してページを構成する

　ページの構成については、図30のようにピラミッドが組まれているかのように作り込むことが理想です。トップページは第1階層にありますが、トップページが目次の役割を果たすことが重要です。目次の機能とはオフィシャルサイト全体の概要がわかるようにし、目次機能として、トップから該当のページにジャンプしていくことを想定して作成します。　そこから、第2階層、第3階層へ進んでいきます。

　通常、クリニックのホームページは、第2階層までで終わるケースが多いと思われますが、専門の分野を掘り下げていくような作り方をすれば、第3階層まで作成することができるはずです。

　このようにピラミッド型に構築することで、検索サイトからトップページ、さらに下層のページへのスムーズな流れができ、閲覧者の間口が広がります。

　ページ数を増やすということは、ピラミッドのすそ野を広げることを意味し、それに比例して間口もどんどん広がるということです。

■ **疾患ごとにページを作る**

「ページ数を多くするのはわかったけど、どんなページを作っていけばいいの？」と思われた方も多いと思います。

作成が必須のページは以下の医院の基本情報を知らせるページです。

```
・自院の特徴
・院長のご挨拶
・医師紹介
・地図、アクセス、交通案内
・施設、設備、医療機器紹介
・求人案内
```

これで6ページが作成できます。

次に、疾患ごとのページになります。

循環器内科を標榜しているクリニックを例にあげると、

```
・不整脈
・狭心症
・高血圧症の治療
・睡眠時無呼吸症候群
・超音波検査
```

といったところでしょうか。

標榜される診療科目に応じて、診察頻度の高い疾患から、1ページずつ作成していきます。また、身体の部位別のコンテンツも考えられます。整形外科を例にあげてみましょう。

```
・首・肩の症状（痛み・こり・しびれ）
```

> ・ひじ・手・腕の症状（痛み・しびれ・違和感）
> ・腰・背中の症状（痛み・しびれ・違和感）
> ・ひざ・足の症状（痛み・しびれ・違和感）

といった表示です。

　疾患やからだの部位、症状毎に、ページを作成して増やしていくことで、20ページ程度は作成できるはずです。

　4～5ページしか作れないというクリニックのホームページを見ると、疾患説明を1ページに集約してしまっていることで、全体のボリュームを出せていないことが原因となっている場合が多いようです。疾患のまとめページを作るのは必ずしも悪いわけではありませんが、作成する場合は、そこからさらに突っ込んだコンテンツへの誘導を促すことで、ホームページの効果を高めることができます。

　診療科目別の詳しいページ構成や疾患別のページについては6章にて後述しますので、制作の参考にしてください。

■ **検査や予防接種のページを作る**

　前項の疾患別のコンテンツに加えて、検査、検診、予防接種等のページを作成するのもページ数を増やすための良い方策です。

　ページを多くするのはGoogle対策のためということを述べてきましたが、検査、検診、予防接種の類については、それぞれ個別のページで展開した方が、閲覧者にとってもわかりやすく訴求力が高まります。一目見てわかるということを念頭に置けば、それぞれ専用のページにしておいた方が有利です。

　これらの項目は、自費診療のメニューであることが多いので、費用もあわせて記載をしてください。また、人間ドックのように大がかりなものや、高額な費用を要するものについては、スケジュールや予約の有無、注意事項、よくある質問の記載等があると利用者に安心感を与えます。

図31　予防接種ページのサンプル画像

　詳細情報が書いてあるAクリニックと、書かれていないBクリニック、さてどちらを選ぶでしょうか？　選ばれるクリニックのオフィシャルサイトになるためには、当然詳細情報は必要です。

⑨ 原則4　更新頻度を上げる

　鮮度の高い情報が掲載されているページは、見ていて気持ちのいいものです。Googleは新鮮な情報を沢山出しているサイトを評価しています。前項では、情報量が十分なサイト、ページ数が多いサイトは検索サイトの評価が高いと述べましたが、更新頻度の高いホームページも同様に検索サイトの評価が高くなります。

前述のとおり、Google は検索結果の順位づけのために、ホームページの情報収集をする回遊ロボットを出していますが、Google は過去に収集した情報も持っていますので、以前からどのように変わったかという経緯も把握できるようになっています。この回遊ロボットがどのくらいの時間間隔でホームページに訪れるかは、それぞれのホームページによって違うのですが、頻繁に更新しているホームページについては、ロボットの回遊頻度が高くなる傾向にあります。回遊頻度が高くなると、リストの順位づけにも有利になるだけでなく、ページを新しく追加していても、すぐに、検索のリストに並ぶようになり、ホームページにとっていいことずくめの結果を得ることができます。

ⓐ 1 文字でも更新とみなされるのか

よく、「1 文字でも更新と見なされるのか」という質問をいただくのですが、結論としては見なされます。ですが、Google も当然分量を把握していますので、効果という視点では、1 文字の更新では、Google 対策の効果はほとんどありません。サイト訪問者にとって、有効な更新であるかどうかが重要です。

ⓑ まずはお知らせ欄を活用しよう

更新頻度を上げるためのコンテンツとしてまず思い付くのは、トップページのお知らせ欄でしょう。とはいえ、クリニックからのお知らせの定番といえば、臨時休診や代診の情報、公的な健診のお知らせなど季節によってほぼ決まっているもので、せいぜい年に数回。次々に新たな情報を増やせるものではないように思われます。よって、上記のような事務的な連絡のほかに、「風邪が流行ってきました」や「近隣の小学校でインフルエンザによる学級閉鎖がありました」、「手洗い、うがいの方法」等、地域に身近な情報をトピック的に掲載しても良いでしょう。

図 32　効果的な Blog の構成

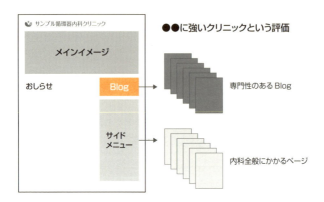

ⓒ Blog を活用しよう

　お知らせ欄の活用はそれなりに有効なのですが、お知らせ欄だけだと、更新頻度は限界があります。そこで強くお勧めしたいのが Blog の活用です。Blog はいわゆるウェブ上の日記のようなものですので、日々更新されることが前提です。しかも、更新するたびにページが増えるため、前項で解説したページ数の増加もでき、一石二鳥のツールなのです。

　Blog については、Ameblo（アメーバブログ）等の無料 Blog サービスを思い浮かべる方もいらっしゃると思いますが、本稿での目的は、「更新を頻繁に」「ページ数を多く」するために使うためですから、外部の無料サービスを使ったのではこの目的を達成することができなくなります。よって、あくまでも自院のホームページ内で Blog を書くということが効果を最大化するための条件となります。

　では、実際にどのような Blog を書けば良いのでしょうか？　基本的には、内容に制約はありませんが、できれば、医院の専門分野を深掘りするようなコンテンツで書いてください。例えば、呼吸器内科を標榜されている院長の専門がアレルギー系の疾患だった場合、「アレルギーBlog」を書くという感じです。

図32をもとに説明をしましょう。

呼吸器内科を標榜していると、咳に関するページやぜんそく、COPD等のコンテンツが考えられます。これらのコンテンツは「内科全般にかかるページ」と理解してください。専門のアレルギーについては、もちろん、「内科全般にかかるページ」にもコンテンツを用意しますが、Blogにその深堀りを記載していきます。1ヶ月に1回更新すれば、1年で12ページ以上アレルギーのページができることになります。この状態を検索サイトが、「どうも、この内科はアレルギーに強そうだ」ととらえ、「アレルギー」というキーワードでも検索順位のリストの上位表示に有利な形で評価してくれます。

あえてこれといった専門を打ち出すのではなく、幅広い領域をカバーしたいという院長は、特定の診療科にとらわれない生活習慣に関わる疾患や、時々に話題になっている流行性の疾患等についてのBlogを書いて、引き出しの広さをアピールしましょう。

こうしたBlogの展開をすることで、検索サイトには「内科だけど、いろいろな疾患を診てもらえる医院」ということを伝えることができます。

ⓓ Blogの更新頻度と分量

Blogの更新頻度と分量ですが、前述したように、クリニックであれば、1ヶ月に1回更新出来れば十分です。分量については、2,000～3,000文字以上書くことが理想です。

それでは、以下を比較した場合、どちらが有効でしょうか？

> ・毎日1回100文字のBlogを書く
> ・1ヶ月に1回2,000～3,000文字のBlogを書く

1ヶ月あたりの文字の分量は、両者ともだいたい同じくらいですが、

Googleの視点では、

> ・毎日1回100文字→不十分な情報量の価値の低いページが30ページ
> ・1ヶ月に1回2,000～3,000文字→内容十分の価値の高いページが1ページ

という印象となります。

　Googleは、情報を探している人の問に対して網羅的に応えられるページを好み、価値の高いページと評価します。100文字程度ですと、情報量が少なく、網羅的に答えられるページになりませんので当然価値の低いページになります。コツコツ短文を書いていくスタイルよりは、まとめてしっかりしたページを、じっくりと書いていく方が良いです。1ヶ月に1回、2,000～3,000文字以上のコンテンツが書けるのであれば、クリニックにとっては、成果の期待できるコンテンツになります。

ⓒ スタッフBlogは採用にも使える

　筆不精な院長の代わりに、スタッフがBlogを記載するということも考えられます。

　リハビリや栄養管理のスタッフであれば、自身の専門分野でBlogを展開すれば良いです。では、医療事務の方に書いてもらいたい場合はどうでしょうか？　医療事務スタッフに臨床のことを記載してもらうのはハードルが高いかもしれません。その場合は、日記のようなBlogで、院内での出来事や、クリニックの行事等を更新してもらうようにしましょう。増患という視点ではあまり効果が期待できないかもしれませんが、更新頻度を高めるという側面のほかに、採用強化という視点で効果を発揮することがあります。採用方法については後述しますが、採用を強化するために重要なことは、院内の雰囲気が伝わっているかどうかで

す。Blogで写真等も含めて、例えば院内懇親会の様子や、スタッフで旅行に行った時の様子などを更新することで、クリニックの雰囲気をリアルに伝えることができます。求職者がそれを見ることで、院内の雰囲気を感じ取ることができ、採用応募に一役買うことが期待できます。

⑩ 原則5　予約・順番待ちシステム、ウェブ問診、お問い合わせフォームを導入する

ⓐ 予約、順番待ちシステムを入れる

コロナ禍において、インターネットの関連システムで需要が伸びたものの1つに「予約システム」があります。

元々、混雑の山をなだらかにする待ち時間対策として予約システムを導入することが目的だったものの、クリニックからすると、診察の時間をきっちり決めておくことが難しく、また、急患が来た場合の臨機応変な対応、既存の高齢の患者さんが使えないのではないかなどの理由から導入を見合わせていたケースもあるのですが、「密を避ける」という名目の下で、2020年に導入が急進している印象です。

ⓑ 予約の3つの種類を知る

クリニックの予約については大きく以下の3つの方法があります。

・時間予約
・順番待ち予約
・時間帯予約

では、ここからそれぞれの特徴について解説します。

図33　端末からの直接予約画面

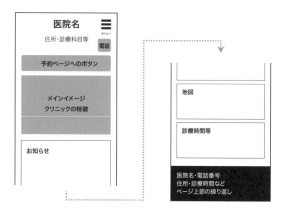

■ **時間予約**

　この予約方法が、一般的にいう「予約」にあたります。患者が何月何日の何時何分に来院することをあらかじめネットなどで申請する予約方法です。

■ **順番待ち予約**

　ネットや、院内の発券機などで患者がエントリーした順番に、診察順番が訪れる形式の予約方法です。銀行などでの発券による順番待ちなどがこれに当たりますが、院内での発券だけでなく、インターネット上でエントリーすることで、順番が付与される形式を併用する形もあります。

■ **時間帯予約**

　時間予約と順番待ち予約の中間に位置する予約方法です。例えば、10時から11時の間でエントリーをしていただき、該当の時間内でエントリー順に診察をするタイプになります。診察の時間にあまり縛られない予約ができるということで最近は時間帯予約を導入しているところが増えてきています。

■ どの予約スタイルが良いのか？

　本書はホームページの作成ノウハウについての書籍になりますので、選び方については簡単に触れますが、美容のように時間やエントリーの人数が少ない場合については、時間予約が有効です。これから予約システムを導入したいという場合は、医師が1人の患者さんにあまり縛られない時間帯予約が良いでしょう。医院に直接来院するケースが多い場合は、順番待ちの予約を導入して、ネットでのエントリーと来院でのエントリーの人数を分けて、うまくバランスを取りながら運用するのが良いでしょう。

■ 予約への誘導はホームページのどの位置に配置するか

　かつて診察予約の定番といえば専ら電話でしたが、今はインターネットからの予約が主流です。ですから、ホームページからの誘導についても、しっかりと目立つものにする必要があります。

　予約システムでは図33のように、スマートフォンから直接予約ができるようにボタンを目立つ位置に配置して、予約画面に誘導するようにしましょう。予約への導入は重要な部分ですので、パソコン・スマートフォンの端末の違いにかかわらずトップページの上部に配置して、訪問者を迷わせない工夫が必要です。

■ 診察予約システムは混雑をなだらかにする

　診察予約システムを考えるときに、密を避けるといったように、患者さんにとっての利便性が強調されがちですが、実はクリニックの運営にとっても有用なツールになります。なかでも最大のメリットは、混雑の山をなだらかにすることができるという側面でしょう。必ずしも混み合う午前中に受診しなくても良い通院患者さんはいるでしょうし、患者さんご自身も、長時間待って診療してもらうよりは、余裕を持って診てほしいという方も多いと思われます。そのようなときに、午後だけ予約枠

図34　ウェブ問診の情報と電子カルテの連携

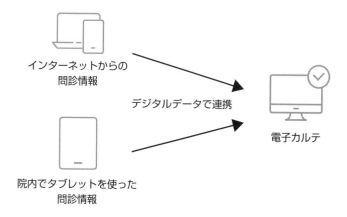

を設けるという手法をとることで、午前の患者さんの受診環境が改善されます。

　特定の時間帯に混雑が集中すると、患者さんには待ち時間がストレスになりますし、医師やスタッフも精神的な余裕を失い、通常の患者さん対応にも影響する可能性が生じます。より良い医療サービスを提供する上でも、混雑の山の平坦化を図り、一定の余裕を確保したいものです。

■ **予約や順番待ちは開院時から導入する**

　開院して、患者さんが増えてから予約か順番待ちのシステムを導入しようと考えている方も多いように感じます。経営の身の丈に合わせてシステムを順に導入していくことは良いことです。しかし、将来的に予約や順番待ちシステムを導入することを決めているのであれば、お勧めしたいのは、開院時から予約や順番待ちシステムを導入しておくということです。これらのシステムを導入しようとすると、受付周りの動線や業務フローが変わってきます。すでに開業され、これまで予約を手書きで対応してきたクリニックでは、紙とネットを併用することになってしまい、場合によっては、システムを導入することでスタッフの労力が増え

図35　高齢者にも配慮した入力画面

てしまうことも考えられます。また、患者さんからしても、これまでと違う仕組みが導入されることで、混乱する方もいらっしゃいます。

　予約や順番待ちにかかわらず新しいシステムを導入するということは、初期に負担がかかるものですが、この問題がスタッフの反感を招き、結局導入を見送ったというケースも聞きます。導入時期を早めることでコスト的な負担はかかりますが、スタッフや患者さんのことを考えると、開業当初から導入しておくほうがメリットがあるように感じます。

ⓒ **ウェブの事前問診システムを導入する**

　ホームページは予約ができたり、オンライン診療のアプリがダウンロードできたりと、様々なサービスやアプリの中心を取り持つ、いわば「ハブ」の役割を担っています。

　初診時の問診についても、ホームページから、問診票を来院前にダウンロードして入手できるようにしている医療機関もあります。

　問診については、ウェブ上のフォームを使う形式も普及しています。いわゆる「ウェブ問診システム」と呼ばれるものです。患者さんの流れとしては、①ホームページを閲覧⇨②予約システム（または順番待ちシステム）⇨③ウェブ問診システム⇨④受診という流れになります。

■ 事前に患者さんの状態を知ることができるツールとして活躍

　ウェブ問診システムを強くおすすめする理由が、来院前に患者さんの状態を知ることができるということです。私の知っている院長の多くが、コロナ禍に役立ったツールの1つと明言されています。ウェブ上で事前に問診を取ることで、例えば発熱している人を別の時間帯などに誘導できるということがあり、院内感染などを未然に防ぐことができます。

■ タブレット問診・電子カルテとの連動がトレンド

　最近のウェブ問診システムのトレンドは、インターネットホームページから問診ができるだけでなく、院内ではiPadなどのタブレット端末で問診をして、内容を電子カルテにデータ連携させるというものです。現在数社がこの技術を持ったサービスを展開しており、利用者も増えてきているようです。

　電子カルテと連携するウェブ問診を導入すると、図33のように、ウェブからも、院内のiPadからも、デジタルデータとして、電子カルテに連携できるようになります。

　このように問診をIT化することで、スタッフの紙から電子カルテ等への転記の時間が節約できるだけでなく、転記ミスなども起こりにくいというメリットがあります。

■ ご高齢の方は使える？

　このシステムにすると、院内で問診を書く際に「ご高齢の方がタブレットを使って問診するのが不便ではないか」という意見が聞かれます。

　システムを導入している医療機関にいくつか伺ったところ、文字も大きく、基本的にはボタンや選択式なので、「電車のきっぷを買えるレベルの方だったら大丈夫」という見解でした。確かに、高齢の方が、細かい文字をペンで書くというよりは、タッチパネルで大きな文字でという方がやりやすいという考え方もできます。どうしても使えないという方

がいた場合は、スタッフが一緒に問診をしてあげるということで解決しているようです。これは、よく考えるとタブレットでも紙でも同じですね。

■ **たくさん聞いてしまいがちを防ぐ**

ウェブ問診を導入することのメリットとして、紙よりもしっかり書いてくれるということもあるようです。紙であれば必須事項に記載しなくても提出できますが、ウェブ問診は必須事項を書かないと先に進めないようにできますので「聞き漏らし」のようなことが起きにくいということがいえます。

一方で必須項目を医院側で設定できるため、聞く項目が多くなりがちという落とし穴があります。弊社で管理しているウェブサイトの1サイトあたりの閲覧平均時間は3分弱です。おそらく、人間はインターネット上では、1つのコンテンツに対しての集中力は3分程度なのだと思います。そうしますと、できれば3分前後で問診が終わるよう、聞く項目を工夫したいところです。聞きたいという欲求をグッとこらえて項目を設定することが、ウェブ問診をたくさんの方に使ってもらうコツといえます。

ⓓ **オンライン診療へ誘導する**

1997年に離島、へき地など遠隔地の患者さんに限って認められてきた遠隔診療は、2015年8月の通達によって、地理的条件を限らずに診療が可能になりました。2018年の改定では、オンライン診療に名称が変更となり、明確に診療報酬点数として認められ、普及の第一歩となりました。そして2020年4月、初診からオンライン診療が可能になり、マスコミでもこのことが取り上げられたことから、一気に市民権を得ることになりました。

■ オンライン診療は利便性を PR するためのツール

　ホームページはプロモーションのツールでもありますので、例えば、忙しくて来院できない場合は、オンラインに切り替えることもできますということをホームページ上に記載することが、新患の呼び水になる可能性があります。

　また、検査結果を郵送やメールなどで一方通行にお伝えするよりは、オンライン診療を使うことで、その後の治療などにつながりやすくなりますので、医療機関にとっても患者さんにとっても良い結果を導くことになります。

　このように、対面診療とオンライン診療を組み合わせることで、患者さんにとって利便性が高い医療機関だと思っていただくことが大切です。

　ホームページには、オンライン診療の利便性の高さをアピールする形で表記します。導線としては、トップページに「オンライン診療」のボタンを配置し、「オンライン診療の説明ページ」に誘導する形です。説明ページでは、メリットなどを記載し、最終的にオンライン診療の予約ページに誘導します。

トップページ　→　オンライン診療の説明ページ
　　　　　　　　　　　→　オンライン診療予約ページ

ⓔ お問合せフォーム

■ 患者さんは症状があってもまずは様子をみている

　表12は、「令和2年の受療行動調査」による、自覚症状の有無と受診するまでの時間を表したものです。自覚症状があっても、半数以上の方が、1週間以上先に受診をしているという結果が示されています。4人に1人は1ヶ月以上先という形です。

　併せて、なぜ時間がかかったのかという統計も出ているのですが、ま

表12 自覚症状の有無別にみた外来患者の受診までの期間

(単位:%) 令和2年

	総 数	24時間未満	1～3日	4～6日	1週間～1か月未満	1か月～3ヶ月未満	3か月以上	覚えていない	無回答
総 数	100.0	12.2	15.1	8.6	19.3	11.2	11.3	14.5	8.0
自覚症状があった	100.0	14.7	17.6	8.9	16.9	10.5	12.9	12.9	5.5
自覚症状がなかった	100.0	6.1	9.2	7.7	25.0	12.7	7.2	18.3	13.9

注:「診療・治療・検査などを受ける」ため来院した者で、「自覚症状があった」者及び「自覚症状がなかった」者の数値である。

出典　厚生労働省「令和2年 受療行動調査」

図36 外来患者の受診までに時間がかかった理由

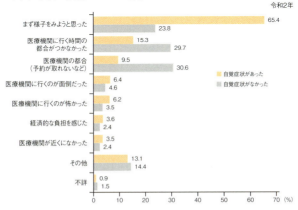

注:「診療・治療・検査などを受ける」ため来院した者で、「自覚症状があった」者及び「自覚症状がなかった」者のうち受診までの期間が「1週間以上」の者の数値である。

出典　厚生労働省「令和2年 受療行動調査」

ず様子をみようと思ったという方が、6割以上いる結果になりました（図36）。

■ 実は相談したいのではないか

　この結果で多くの患者さんが様子を見ていたということはわかりましたが、様子を見ている患者さんが、自分の症状について何も調べずにいることは、この情報社会の中では考えにくいことです。多くの方がインターネットの情報で自覚症状を検索しているのではないかと考えます。

　ここからは、私の仮説になりますが、自身の症状について、相談できるところがあれば、あるいは、オフィシャルサイトを経由して相談でき

る機能があれば、受診の動機づけとなるということがいえるのではないでしょうか。しかもこの流れは患者さんにとっても、早期受診のきっかけになりますし、医療機関にとっても増患になるという良い結果を導くのではないかと考えました。

■ **迷った人にはお問い合わせしてもらう**

　この仮説から、皆さんに実践していただきたいのは、オフィシャルサイト内に「相談・お問い合わせフォーム」を作るというものです。
　実は、最近まで私は受診を前提としない、ただ相談だけをする人からの問い合わせが増えると困るので、「相談・お問い合わせフォーム」を作ることはあまりおすすめしてこなかったのですが、ここ数年で、ネットのリテラシーやマナーが向上したことと、受診について迷われている方が多いことを鑑みて、「ご相談・お問い合わせフォーム」を作るべきだという立場に変わりました。

■ **無料のフォームサービスを利用する**

　「ご相談・お問い合わせフォーム」については、ホームページの作成業者に依頼することで作成ができますが、作成に費用がかかってしまうことがあります。その場合は、無料で「ご相談・お問い合わせフォーム」が作成できるサービスを利用することができます。
　これらのサービスを利用してフォームを作成し、「ご相談・お問い合わせフォーム」というボタンを押したら、ジャンプして当該のフォーム

> **無料で利用できるフォーム作成サービス**
> **Google Forms** https://www.google.com/intl/ja_jp/forms/about/
> **Tayori** https://tayori.com/
> **Formuz** https://www.formzu.com/
> **Formrun** https://form.run/ja

図37 サイト内相談フォーム例

図38 自院ホームページの被リンク状態（再掲）

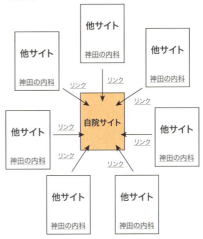

にリンクするような形を作成するのが良いでしょう。

⑪ 原則6　たくさんのリンクを貼ってもらう

ⓐ たくさん引用がある論文は良い論文!?

6つの原則の最後は、検索サイトの上位表示には欠かせない対策になります。

> 「引用の多い論文は良い論文である」

これはGoogleが検索結果のリストの順位付けの際に基本としている1つの考え方です。インターネットでいうところの論文とはホームページであり、引用とは、リンクが貼られている状態を指します。このリンクが貼られている状態を「被リンクされている状態」といいます。

図38は、自院のホームページに他のホームページからリンクがたくさん貼られている状態を表したものです。この状態をGoogleなどの検索サイトから見ると、「このサイトは引用が多く人気があるようだ」と評価されるため、検索サイトの上位にリストアップされやすくなります。また、図38のように「神田の内科」をクリックすることで自院ホームページにジャンプしている場合、「このサイトは神田にある内科医院に違いない」と判断され「神田 内科」で検索した際に、上位表記される可能性が高くなります。
　つまり、新患を多く獲得したい場合には、「地名 診療科」などのテキストをクリックした先が自院であるようなリンクを貼ってもらうということになります。
　どれくらいの数のリンクが必要かということについては、単純にいくつ以上とは言えないのですが、一般的なクリニックであれば、10～20施設もあれば有効に働くと思われます。

ⓑ 医療機関のポータルサイトに登録せよ

　現在、数多くの医療機関を紹介するポータルサイトが運営されていますが、その多くが無料で医院情報を掲載することができます。ホームページのアドレスが登録できて、オフィシャルサイトへの被リンクを獲得できる場合も多いので、医療機関のポータルサイトに登録しておくのは良い戦略です。「地域名（または駅名）and 診療科」「地域名（または駅名）and クリニック」「地域名（または駅名）and 診療所」などのキーワード検索で、医療機関のポータルサイトが表示されることがありますので、そのサイトから登録すると良いでしょう。

ⓒ リンクのもらいすぎに注意

　さて、被リンクをたくさんもらえばもらうほど有利なのかというと、実はそうともいえない一面があります。

Googleは、作為的に順位を上げようと必要以上に大量の被リンクがあるページを嫌います。前述しましたが、このような行為は「被リンクSPAM」（スパム）と呼ばれています。Googleが被リンクスパム行為をしているホームページと認識すると、検索リストの順位が落ちるどころか、場合によっては、検索結果から消えてしまうことがあります。順位が落ちたり、検索結果から消えてしまう事態において、Googleの場合は、スパム行為を是正したうえで、「Google Search Console」（https://search.google.com/search-console）から解除の申請ができるのですが、まずは、被リンクスパム認定されないに越したことはないので気をつけてください。

　どのくらいがもらい過ぎなのかという線引きは難しいのですが、「故意かそうでないか」が重要です。ですから、前項で紹介したように、医療機関のポータルサイトからリンクが貼られているのは自然なことですので問題ありません。

ⓓ 被リンク元のサイトの質も大切

　医療機関のポータルサイトへの登録以外の方法として、ご友人の医師が運営しているホームページからリンクを貼ってもらうというのも有効です。

　Googleは、リンク元のサイトがどのような規模でどのようなジャンルなのかということも重要視しています。規模の大きいサイトからリンクが貼られている場合は、「良質なサイトからリンクが貼られているので、リンク先も信頼性が高い」という評価になります。

　また、「クリニックのホームページからリンクされているということは、医療に関連したホームページだろう」と判断されます。ですから、医師仲間で、信頼性の高いサイトを作り（本書の6原則を守っているサイトということです）お互いにリンクし合うことが、相乗効果になるのです。

神器その3
オンラインでの患者フォロー

前章までに、Google、オフィシャルサイトの2つの攻略についてご説明しました。
これに加えて、医療DX推進時代には、患者フォローまでをオンラインで行っていく必要があります。
オンラインでのフォローで役立つのはYouTubeやSNSです。
本章では、これらの利用についてひも解いていきます。

(1) YouTubeの動画配信

　YouTubeはもはやテレビを凌ぐメディアとして様々な形で活用の幅が広がっています。医療機関も例外ではなく、情報発信に活用するところが増えています。

① 動画で発信することのメリット

「新患を増やしたい」というニーズから動画作成を検討される方が多い印象ですが、YouTubeだけで新患を増やすのは、一部のインフルエンサー的なドクターを除けば至難の業です。よって、まずは、自分の患者が自分の医院や治療の理解を深めていただくための情報発信ツールとして使い始めるのが良いでしょう。インフルエンサーレベルになると、何十万人という動画のフォロワーがいますが、そこを狙う必要も有りません。一般的な保険診療の医院であれば、数百人もいれば十分です。狙い

は
- 既存の患者さんへの情報提供の質を深める
- 新しく施術を受けたい人に十分な情報提供をする

この2つを目的として動画を作成していきます。

② 何を誰のために発信するか

上述の「既存の患者さんへの情報提供の質を深める」「新しく施術を受けたい人に十分な情報提供をする」の視点で解説していきます。

ⓐ 既存の患者さんへの情報提供の質を深める

「毎日同じような説明をしているがどうにかならないものか」というドクターの声をよく聞きます。そういう場合に動画の活用が便利です。一度動画化して置くことで、患者さんへの説明の際、診察時間以外で確認していただく、または、簡単な説明をして、「あとは動画を見てくださいね」としていただくこともできます。これはドクターに限らず、様々な場面に応用できるでしょう。これをすることで、言った言わないの論争になることも有りませんし、動画で説明を聞いている時間は、ドクターは別のことができますから時間効率を高めるという意味でも使えます。動画については、タブレットなどをお渡しして見ていただくようにしている医院もあります。動画についてはいつでもどこでも閲覧していただけるように、YouTube等にアップして、動画のURLをお伝えしたりする形で運用します。ただし、その動画が一般に公開されてまずいものであれば、公開の方法を「限定公開」とすることで、YouTube内で検索されたり、一般の人の目につかないようにすることができます。

ⓑ 新しく施術を受けたい人に十分な情報提供をする

前項では、主に文章の書き方についてご案内しましたが、ホームページのクオリティーを上げるために、ページ内に動画を掲載することで、

来院の意思決定率を高めることができるでしょう。特に、検査や外科系の治療の場合は、受ける方の不安要素も大きいものです。その中で、院長自身が丁寧に説明をしたり、メリットやデメリットについて語る動画があることで、安心感を醸成することができ、コンテンツで選ばれるようになるでしょう。ページへの動画の掲載方法ですが、ホームページに動画を直接埋め込んでも良いのですが、いったん YouTube 等の動画サイトにアップして、そこで生成された埋め込み用の URL を掲載することをオススメします。YouTube 等は閲覧する端末や視聴の状況によって、画質などを自動的に調整してくれるので、余計な通信量がかからないようにすることができます。

　また、動画をページ内にいれることで患者だけでなく、Google の評価も高まります。SEO を意識したサイトを作成される場合は、動画入りのページを作成することを意識しましょう。せっかく作成した動画コンテンツですので、既存の患者だけでなく、医院を選ぼうとしている方向けにも活用することがよいでしょう。

③ 動画の撮影方法やコスト

　動画の作成は、時間と労力がかかります。外部に作成してもらうと当然コストが掛かりますのでその実態を知っておくことが必要です。

　外部に依頼する場合ですが、「シナリオ」「撮影」「演者」「編集」「公開」を誰がやるのかで値段が変わってきます。上記をすべてお任せする場合は、10 分程度の動画でも、30 万前後から上は 100 万円くらいまでかかってきてしまいます。流石にそのコストで量産するのは難しいので、上記の作業を院内で代替できないかを考えます。シナリオについては院内で可能です。撮影もスマートフォンで十分の場合が多いでしょう。機材については、比較的新しいスマートフォンであれば十分ですが、マイクがあった方が音質が良くなるので、別途マイクの購入はお薦めします。ワイヤレスでなければ、数千円のもので十分です。編集は時間がかかって

しまうので外注しても良いでしょう。クラウドワークスやランサーズのようなクラウドソーシングのサイトで動画編集の作業だけやっていただける方を募集すれば、10分程度の動画を1〜2万円くらいで編集していただけます。もちろん、スタッフさんが編集できるということであれば内製でも構いません。「公開」についても、ご自身でYouTubeのチャンネルを作成して（誰でも作成できます!!）ご自身で動画をアップして、ご自身のタイミングで公開をする形が良いです。第三者にまかせてもよいのですが、チャンネルの権限を渡してしまうことはリスクにも繋がりますのでこちらもご自身で対応することをお薦めします。

特に動画をはじめてみようかなということであれば、まずは自分でやってみて全体像や効果を掴んでから、必要な部分を少しずつ外部に委託するのが良いでしょう。

（2）LINE 公式サイトを使った患者フォロー

① LINE のユーザーは 9,700 万人以上

本書をご覧頂いている方にも、LINE を利用している方は多いと思います。LINE は、主にスマートフォンのアプリ上でチャットのコミュニケーションをするツールで、約 9,700 万人が利用しているといわれています。日本の人口は1億 2,488 万人（総務省統計局令和6年1月1日現在）ですから、約 2/3 が利用しているツールということになり、もはやインフラ化しているといっても過言ではありません。

ⓐ コミュニケーションツールはたくさん出ているが

世の中には、LINE のようなコミュニケーションツールはたくさん出ていますし、そもそもメールでのやり取りだってできるはずですが、なぜ LINE をすすめるのでしょうか？ それは、上記にも記載しましたが、

すでにインフラ化しているということと、使いやすさのバランスが取れているということになります。

　医療版のLINEのようなツールや、地域連携の際の情報共有に使われるようなウェブのサービスなどもありますが、導入する際にアプリを新たにダウンロードしたり、新規ユーザー登録の手間があるなど、利用するまでのハードルが高いといえます。LINEでなくても、すでに普及しているメールでのやり取りをすればよいのではないかという意見もあると思いますが、ご存じのとおり、使い勝手というところやコミュニケーションのとりやすさという観点ではLINEの方に歩があります。もちろんLINEを使っていない人もいるわけですが、最大公約数的に考えるとメインでLINEを使って、使えない人は従来どおり、電話や対面という切り分けをすれば、十分に新たなコミュニケーションツールとなりえるのです。

ⓑ 公式にLINE登録しよう

　とはいえ、先生方の個人LINEを患者さんと共有してしまうのも気が引けますので、LINE公式というサービスに登録し、医療機関の公式LINEを立ち上げ、公式LINEで患者さんとお友達になってコミュニケーションをするという形をとります。

　LINE公式のサービスを利用するのは簡単です。

　https://www.linebiz.com/jp/service/line-official-account/

　上記のサイトからLINE公式のウェブサイトにアクセスして「アカウント開設」から情報の登録をします。詳しい登録方法は、私が動画でも解説していますので、こちらQRコード先の動画をご参照ください。

ⓒ 目的は患者さんから先生にチャットをしてもらうこと

　では、どのように活用するかについてですが、もともと、LINE公式

図39 LINE公式アカウントの開設画面

のサービスは、飲食店などの店舗が顧客向けに販売促進するために、さまざまな案内を送るためのものです。ですから、医院のお知らせなどを配信するために活用したいところですが、そこはグッとこらえていただき、あくまでも、先生方が普段LINEを使っているように、患者さんとチャットをすることが目的となります。

あわせて既存の患者さんとのつながりを作っておくためのツールという位置づけになります。ですから、患者さんが来院した際に、先生またはスタッフから「LINEを使っていつでも相談してきていいですよ」ということでご案内をして、お友達登録をしていただく流れを作ることが大事です。

ⓓ 24時間365日連絡が来てしまうのは大丈夫？

患者さんとLINEを開設するにあたって、皆さんが一番心配されるのは、「たくさんチャットをもらっても返信しきれなくなって困るのではないか」ということだと思います。これは私自身も懸念しているところの1つであり、現在いくつかの医療機関でLINEのコミュニケーションの実験をしているのですが、お友達登録が多い医療機関でもせいぜい1

日に数件、夜中などのチャットはほとんどないということのようです。

おそらく、ネットマナーが向上していて、また、匿名性でなく実名制（相手がわかる）ということもあり、失礼のないコミュニケーションをしたいという欲求が働いているためだと思います。上記で、既存の患者さんに登録してもらうということをご案内したのは、このためでもあります。

ⓔ 医療DX推進時代のかかりつけ医に必要なLINE術

コロナ禍において外出が控えられた時期がありました。現在でも発熱をしている場合は、接触を避ける行動が根付いています。行動が控えられるということは、相談しにくい状況を醸成することにも繋がりかねません。そこで、LINEのような非同期コミュニケーションツールが役立ちます。コロナのワクチン接種で電話がパンクしたという時期がありましたが、電話のような同期が前提のコミュニケーションツールですと、このようなデメリットが発生してしまいます。一方非同期コミュニケーションでは、順番に対応していけば良いため、スタッフやドクターの手が空いたときに対応できるというメリットがあります。

直ぐに対応できない場合に患者の不満が募るかもしれませんが、電話が通じないという不満と比較すると、比較的医院側のダメージを少なくすることができるように感じます。

情報漏えいなどが心配なのでLINEは使わないほうが良い？

2021年3月、大手マスコミがLINEの情報が中国政府に漏れる恐れがある状態であったとして報道をしました。2021年4月26日には、総務省からLINEに「業務改善命令」の行政処分が出されました。個人情報の漏洩は確認されていないのですが、利用者への説明が一部不十分だったとのことで、当該の処分となりました。

LINEに限らず、電子カルテや予約システムなどクラウドのサービスが増えている現状で、個人情報をどう守っていくかという問題については、先生方も常に意識しておく必要があります。単純にいえば、クラウドの利便性を高めれば高めるほど、個人情報漏洩のリスクが高くなります。しかし、医療分野だけでなく、世の中のさまざまなものも上記のようなリスクを負いながら存在しています。自動車は便利だが人を殺めてしまう恐れがあるなど、どちらか一方だけの主張を通しては社会が成り立たないような問題です。ですから私たちが意識する必要があるのは、バランスでしょう。自動車の場合は、テクノロジーの進化によって事故による死亡者が年々減少しています。しかし、医療におけるインターネットサービスについては、まだまだ未成熟なところもあり、そのような利器については使わないと決めている医療機関もあります。本書をご覧の皆さんはどちらかというと、クラウドの利便性を積極的に活用していきたいと考えている方が多いように感じますし、私たちのような企業も、安全性ということに関しては、サービス提供者として絶対に守るべき事項として考えています。

　では、どんなサービスが安全なのかということですが、一方でどんなサービスも、100％完璧な安全は保証できませんから、私は、「個人情報がたとえ漏洩してもリスクを最小限に抑える」という観点が利用者に必要だと感じています。例えば、弊社のホームページ作成サービスWevery!は、お問い合わせフォームなど、個人情報の重要な情報がやり取りされるような機能をあえてつけないようにしています。リスク分散という形で、Google Formなどの外部のサービスを連携させてお問い合わせ情報を得る形を推奨しています。このように企業によって安全への取り組みとポリシーは違いますので、先生方の考え方と合っているセキュリティー・ポリシーを持っているサービスを利用していただくということが今のところベターな選択になるでしょう。

(3) LINE以外のSNSの活用

① 情報収集の主流になりつつあるSNS

　現在のインターネットのマーケティングを語るうえで、SNSの活用は不可欠となっています。かつて情報収集といえば、Google等の検索サイトを使うという流れでしたが、即時情報（例えば電車が止まっている、災害の状況を知るなど）を得る場合に、X等で拡散されている情報を収集して活用するケースも増えてきており、特に欧米では、SNSの活用が顕著になっていると聞きます。

　SNSは、もともとあった集まりや括りのなかでのコミュニケーションツールになります。よって、既存の患者さんへのアプローチについては得意なのですが新患を集めてくるという視点では、相当難しいのが現状です。SNSによる集客マーケティングのノウハウということでネット上でも様々な情報がありますが、医療という特性上、新患マーケティングというよりは、既存顧客やその他の人に対して、医院の情報や雰囲気を伝える媒体であるということに主眼をおいて運営するのが良いでしょう。

② 定期的な更新やメンテナンスが必要

　SNSは情報拡散の手段ですから、定期的に、有益な情報を伝える媒体である必要があります。頻度や質が低いと、かえって離脱してしまいます。つまり、患者として離れてしまうということになりかねませんので、SNS運用には、定期的に情報配信するということを決めて取りかかる必要があります。定期的な情報配信に自信がない場合は、手出しをしてはいけません。オフィシャルサイトだけでも、十分に情報配信の機能は果たしていますので、SNSを活用したい場合は、医院のプロモーションをもっと高次元にする必要があると判断した医院だけの取り組みと考えてください。

③ X（旧 Twitter）の活用

　X は 2023 年に名称を Twitter から X に変更したメディアで、日本国内には、6000 万人以上のユーザーがいると言われています。X は 140 文字の短文で情報を発信するツールで、その気軽さから医院でも比較的取り組みやすい SNS といえるでしょう。医療機関での位置付けとしては、お知らせとして利用するのが良いでしょう。オフィシャルサイトのお知らせに投稿という形でも良いのですが、オフィシャルサイトはアクセスした人に対しての情報提供の側面が強く、待ち型のメディアといえます。一方 X は発信に賛同してくれた人が拡散するという側面を持っていますので、比較的攻め型のメディアといえます。ですから、院内イベントなどの発信をしたり、新しい動画や blog などが更新されたときのお知らせツールであったり、医院の情報だけでなく、地域の情報なども合わせて発信するのが良いでしょう。

　また、開院前にホームページのパワーを上げるための補助ツールとしても有効です。オフィシャルサイトは、優良なサイトからリンクを受けることで Google の評価が上がるということは前項でお伝え済みですが、X からのリンクについても同様です。開院前のオフィシャルサイトは Google への訴求力が未熟であることが多いため、X でコンテンツやトップページへのリンクを掲載することで、訴求力が増していきます。

　さらに、X は緊急速報の配信にもうってつけのツールです。緊急時に、「何時から何時までクリニックを開けます」という診察情報を配信することで地域に拡散され、住民の方々に有益な医療情報サービスとなります。事故や災害時の有用な情報源として活用するためにアカウントを作っておくと良いでしょう。

④ Instagram の活用

　Instagram の国内アクティブユーザーは 3,000 万人超と言われています。世間では「インスタ映え」という言葉が流行するなどして既に市

民権を得ているツールですが、比較的若い方や女性層がユーザーに多いということも気に留めておく必要があります。

　Instagramは一言でいうと写真Blogです。写真や短い動画をアップして訴求していく動画になりますので、短時間で説明できる施術の解説や、院内の雰囲気を知ってもらって求人に役立てる投稿をするのが良いでしょう。特に昨今は採用に苦戦している医療機関が多い印象ですので、Instagramの活用も不可欠になってくるかもしれません。

　Instagramはその機能から、同じ特性の人とつながって仲間を広げていく活動も必要です。医療機関は基本的には地域ビジネスですので、近隣の医療機関はもちろん、公共施設や飲食店、地域情報を発信している人等とつながって、できれば相互フォローをしていただき、フォロワーを獲得していくのが良いでしょう。地域に関連したフォロワーが増えることで、Instagramが学習し、フォローされていない人のタイムラインに掲載されることも増えていきます。Instagramの活用には、フォロワーを増やしていくことで、影響力を上げていく活動が必要不可欠ですので、どんなコンテンツを発信していくかだけでなく、どうやって（地域の人の）フォロワーを増やしていくかについても考えながら運営していく必要があります。

Chapter4 | 神器その3 オンラインでの患者フォロー

Chapter 5 医療広告ガイドラインに対応する

クリニックのホームページを語る上で、
医療広告ガイドラインの遵守は避けて通れないものです。
2018年のガイドライン改正よりホームページも広告とみなされ、
ガイドラインに従ってコンテンツを構成していく必要があります。
本章では、ガイドラインの中でも気をつけたい、
抑えるべきポイントを解説します。

（1） かつてホームページは広告ではなかった？

　医療法における医療機関の広告規制については、2018年6月1日に施行された医療広告ガイドラインより、これまで広告の扱いを受けなかった「ホームページ」についても、美容医療など過度で誤解を招く表現が横行したため、広告の扱いになり、規制を受ける範囲になりました。
　本章では、どのような点に気をつけてホームページを作成したり、現在運用中のホームページを修正すればよいかについて解説します。

　医療広告ガイドラインについては以下よりご参照いただけます。
https://www.mhlw.go.jp/file/06-Seisakujouhou-10800000-Iseikyoku/0000209841.pdf

（2） 医療広告ガイドラインで気をつけること

　医療広告ガイドラインとは、「医業若しくは歯科医業又は病院若しくは診療所に関する広告等に関する指針」の略です。厚労省の「指針」になりますので、法律でなく、法的拘束力はありませんが、医療法の解釈の指針になりますので、医療広告ガイドライン違反＝医療法違反となりますので、事実上は法的拘束力があると言えます。

① 広告の定義

　ホームページが広告にあたるということは上述しましたが、医療における広告とは何かをもう少し紐解くと、以下の３つ（誘因性・特定性・認知性）を満たしているものが広告であるとされています。

① 患者の受診等を誘引する意図があること（誘因性）
② 医業若しくは歯科医業を提供する者の氏名若しくは名称又は
　病院若しくは診療所の名称が特定可能であること（特定性）
③ 一般人が認知できる状態にあること（認知性）

　例えば、新聞等に患者が個人的な手記としてある医療機関における体験記を書いた場合を考えましょう。②③については、手記内において医療機関名等が明らかにされたり、新聞という媒体の特性を考えると満たしているといえます。①については、個人的な手記になりますので、医療機関が受診を誘引したいと思っているコンテンツではないことから満たしていません。よって、この場合は広告ではないので、手記の内容については、医療公告ガイドラインの制限を受けません。ただし、この手記が医療機関からの依頼によるものであれば、医療機関が増患を狙っているコンテンツと見做せますので、①が成り立ち、広告の扱いになります。あわせてガイドラインでは、患者等の主観に基づく、治療等の内容

又は効果に関する体験談は禁止されていることから、この手記のホームページ、SNS等への掲載は医療公告ガイドライン違反であるということになります。

② 医療公告ガイドラインの大枠をまず知る

医療公告ガイドラインを読み解くのに、5条 広告可能事項、4条 限定解除、3条 禁止事項の3つの条文を、この順番で内容を抑えておくことが重要です。以下、条文について解説します。

ⓐ 5条 広告可能事項

医療機関の広告で記載して良いことが、5条で定められています。以下は医療法に定められている可能事項で、広告ガイドラインでも同様ですので、一読しておくのが良いでしょう。

広告可能事項

1. 医師又は歯科医師である旨
2. 診療科名
3. 当該病院又は診療所の名称、電話番号及び所在の場所を表示する事項並びに当該病院又は診療所の管理者の氏名
4. 診療日若しくは診療時間又は予約による診療の実施の有無
5. 法令の規定に基づき一定の医療を担うものとして指定を受けた病院若しくは診療所又は医師若しくは歯科医師である場合には、その旨
6. 第五条の二第一項の認定を受けた医師である場合には、その旨
7. 地域医療連携推進法人(第七十条の五第一項に規定する地域医療連携推進法人をいう。第三十条の四第十二項において同じ。)の参加病院等(第七十条の二第二項第二号に規

定する参加病院等をいう。）である場合には、その旨

8. 入院設備の有無、第七条第二項に規定する病床の種別ごとの数、医師、歯科医師、薬剤師、看護師その他の従業者の員数その他の当該病院又は診療所における施設、設備又は従業者に関する事項
9. 当該病院又は診療所において診療に従事する医療従事者の氏名、年齢、性別、役職、略歴その他の当該医療従事者に関する事項であつて医療を受ける者による医療に関する適切な選択に資するものとして厚生労働大臣が定めるもの
10. 患者又はその家族からの医療に関する相談に応ずるための措置、医療の安全を確保するための措置、個人情報の適正な取扱いを確保するための措置その他の当該病院又は診療所の管理又は運営に関する事項
11. 紹介をすることができる他の病院若しくは診療所又はその他の保健医療サービス若しくは福祉サービスを提供する者の名称、これらの者と当該病院又は診療所との間における施設、設備又は器具の共同利用の状況その他の当該病院又は診療所と保健医療サービス又は福祉サービスを提供する者との連携に関する事項
12. 診療録その他の診療に関する諸記録に係る情報の提供、第六条の四第三項に規定する書面の交付その他の当該病院又は診療所における医療に関する情報の提供に関する事項
13. 当該病院又は診療所において提供される医療の内容に関する事項（検査、手術その他の治療の方法については、医療を受ける者による医療に関する適切な選択に資するものとして厚生労働大臣が定めるものに限る。）
14. 当該病院又は診療所における患者の平均的な入院日数、平均的な外来患者又は入院患者の数その他の医療の提供の結

> 果に関する事項であつて医療を受ける者による医療に関する適切な選択に資するものとして厚生労働大臣が定めるもの
> 15. その他前各号に掲げる事項に準ずるものとして厚生労働大臣が定める事項

ⓑ 4条 限定解除

医療広告ガイドラインを理解する上で、限定解除を理解することは重要です。限定解除は、5条で定められている「広告可能な範囲」を超えた内容について、ある条件のもとに広告可能になるという条文になります。5条は15項目からなっていますが、記載していること以外でも広告に該当しそうなことはたくさん有ります。それを1つずつ、成否を列記していくことは不可能になりますので、限定解除を設けて、広告できる定義を示しています。

広告できる範囲を拡大させるための条件については以下のように定められています。

> 1. 医療に関する適切な選択に資する情報であって患者等が自ら求めて入手する情報を表示するウェブサイトその他これに準じる広告であること
> 2. 表示される情報の内容について、患者等が容易に照会ができるよう、問い合わせ先を記載することその他の方法により明示すること→電話かメールアドレス
> 3. 自由診療に係る通常必要とされる治療等の内容、費用等に関する事項について情報を提供すること
> 4. 自由診療に係る治療等に係る主なリスク、副作用等に関する事項について情報を提供すること

例えば、5条では「治療前後の写真」を掲載して良いかどうかの記載が有りません。よって、5条の条文だけを見ると「治療前後の写真」については掲載してはいけないということになりますが、限定解除の4つの条件を満たすことで掲載可能な事項になります。4つの条件の1、2については、ホームページで連絡先（電話またはメールアドレス）が記載されていること。自由診療については3、4の条件が追加され、治療内容や費用、リスクについても言及していることと読み取れます。今回の「治療前後の写真」であれば、電話などが記載されているホームページで、写真に付記する形で内容や費用、リスクなどが書かれていれば、掲載が可能になります。

ⓒ 3条 禁止事項

　5条とは対照的に医療広告の3条では「こういうことは記載してはいけません」という禁止事項が定められています。

　具体的には下記のとおりです。

- 比較優良広告
- 誇大広告
- 公序良俗に反する内容の広告
- 患者その他の者の主観又は伝聞に基づく、治療等の内容又は効果に関する体験談の広告
- 治療等の内容又は効果について、患者等を誤認させるおそれがある治療等の前又は後の写真等の広告
- 薬機法や景表法で制限されているもの
- 品位を損ねる内容

　5条で記載可能事項が定められているにもかかわらず、なぜ禁止事項も同時に定められているかというと、例えば「治療前後の写真」につい

て限定解除を満たしていても一般の人が見るに堪えないような画像である場合は、公序良俗に反する内容または品位を損ねる内容として、掲載を制限することができるようにするためです。要するに、一旦は広告可能としたけど、表現の仕方が悪いので駄目にするという項目を設けているというイメージを持っていただくと良いと思います。

ⓓ **ガイドライン違反かどうかの判定順**

医療公告ガイドラインで OK かどうかを判定するにあたり以下の図のイメージを持っていただくことをオススメします。

図 40　医療広告ガイドラインの判定表

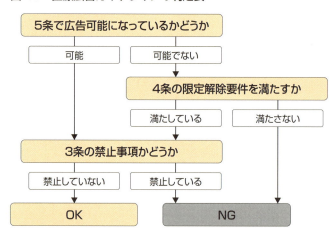

上から順番に、まずは、5 条で広告掲載可能事項になっているかどうかから判定します。可能事項で OK ということでしたら、左下に進み、3 条に照らし合わせて問題なければ広告掲載可能になります。

最上部の 5 条で OK 判定が出なくても右側で、4 条の限定解除を満たしていて、かつ 3 条の禁止事項でなければ掲載可能ということになります。

(3) 注意すべき事項の具体例

医療広告ガイドラインでは分かりづらいということもあり、厚労省は、「医療広告規制におけるウェブサイトの事例解説書」を出しています。

医療広告規制におけるウェブサイト等の事例解説書（第4版）
https://www.mhlw.go.jp/content/001153604.pdf

解説書は、2024年10月時点で第4版となっており、新しい解説が必要になると版を重ねていく仕組みのものですが、現在41の事例が掲載されています。本書では、事例解説書の中から医療機関が迷いやすい事例について5つほど抜粋して解説します。

① 著名人が来院しましたはNG

著名人が来院して治療しました、のようなコンテンツについては、患者等に対して他の医療機関より著しく優れているとの誤認を与えるおそれがあるとして、比較優良広告となり、3条の禁止事項に抵触するためNGです。

図41　NG例

※医療広告規制におけるウェブサイト等の事例解説書（第4版）より

② ビフォーアフター写真の掲載

　手術前後の写真など、ビフォーアフター写真については限定解除の要件を満たすことで掲載可能になります。医療広告規制におけるウェブサイト等の事例解説書（第4版）では、記載内容の具体例が以下のように示されています。

図42　ビフォーアフター掲載例

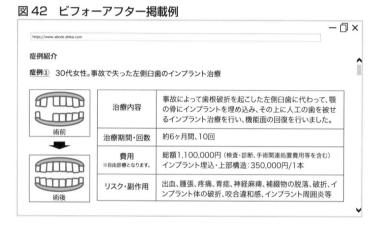

　本例では、治療内容や期間費用、リスクなどが、写真付近にしっかり明記されていますので、限定解除の要件を満たしている良例といえるでしょう。

③ 未承認医薬品の記載

　未承認の薬品や医療機器については、限定解除の要件を満たすことで掲載が可能です。具体的には「未承認医薬品等であること」「入手経路等」「国内の 承認医薬品等の有無」「諸外国における安全性等に係る情報（承認国がないなど、情報が不足している場合 は、重大なリスクが明らかになっていない可能性がある 旨）」「医薬品副作用被害救済制度の対象にはなら ないこと」を記載することで限定解除となります。医療広告規制におけるウェブサイト等の事例解説書（第4版）では、プラセン

タの自費治療の記載について具体例が下記のように示されています。

図43　自費治療記載例

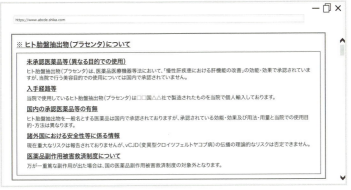

④ キャンペーン価格

　キャンペーンという表現は、医療の品位を損ねる表現とされ、3条の禁止事項にあたります。価格を変更する場合は下記のOK例のように「価格改定」という表記に留める必要があります。

図44　「キャンペーン」表現の禁止

　また、次ページの事例のように、費用の割引を強調することも品位を損ねるということで、3条の禁止事項に抵触してしまうため広告はできません。

図45　禁止事例

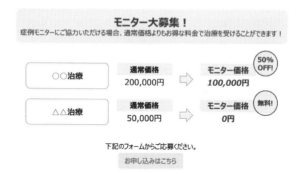

⑤ SNSでの表現も広告ガイドラインの対象

　医院が公式に運用しているSNSも医療広告ガイドラインの対象になります。よって、施術前後の写真の扱い方（限定公開の要件を満たしているか）や、患者の体験談を掲載しては行けない、キャンペーン価格と表現してはいけないなどのルールもオフィシャルサイトに準じる形になります。

（4）違反した場合はどうなる？

　医療公告ガイドラインに抵触しているかどうかの判定については、厚労省とネットパトロールを担当する委託事業者によって行われます。
　また、医療機関ネットパトロール（https://iryoukoukoku-patrol.mhlw.go.jp/）では違反の通報ができるようになっています。
　令和5年のデータ（厚労省ネットパトロール事業について（令和5年度）令和6年8月22日）によると、違反ありと判定されたサイトは、合計1098サイトにも及びます。内訳を見ると、通報によるものが大半を占める形になっています。

表13　医療広告ガイドラインの検査結果（令和5年）

	通報	監視	計
検査実施	981サイト	173サイト	1154サイト
違反あり判定	926サイト	172サイト	1098サイト

　違反有りとされた場合は、厚労省または委託事業者から修正の依頼が来ます。その依頼内容に従って、是正し報告すればそこで終了となり、事実上のお咎めなしとなります。ただし、その修正依頼に従わない場合は、中止命令又は是正命令となり、少し警告の度合いが強くなります。それでも従わない場合は、書面等での告発（医療機関名の公表）となり、最終的には行政処分という形になります。

　行政処分になりますと、診療所の開設の許可の取り消し、又は開設者に対し、期間を定めて、その閉鎖を命ぜられることになりますので、修正依頼が来た時点で速やかに対応することをお薦めいたします。

（5）判断に迷ったら

　厚生労働省のウェブサイトには「医療に関する広告についてのご相談は、医療機関を所管する自治体の窓口にご連絡をお願いします。」という記載があります。自己判断で良いと思っていても、判断が微妙な場合がありますので、その管轄の保健所等の窓口にご相談ください。

> 管轄の保健所については下記よりご参照いただけます。
> https://www.mhlw.go.jp/file/06-Seisakujouhou-10800000-Iseikyoku/0000141143.pdf

診療科目別ページ構成案

クリニックのホームページを作るうえで、
ページ数を多くすることは必須であるということは
これまでお伝えしてきた通りですが、
原則として「1疾患、1ページ」ずつ作成することが必要です。
当然、診療科目ごとに、その内容が違いますので、
ここでは、診療科目別に必要となるコンテンツについて探っていきます。

(1) 内科

① 専門性を明確に打ち出す

　診療領域が広い内科は、慢性疾患も含め日常的な医療需要も高いことから当然競合も多く、差別化も難しい診療科です。患者さんを全人的にサポートする「総合内科」を標榜する場合もありますが、患者さんの受診目的への配慮等から専門領域を明確にすることが一般的です。
　ホームページにおいても、一般的な内科疾患に関するコンテンツのほか、専門領域に関する解説、さらに、予防接種、検診などのコンテンツを整える必要があります。

② 一般的な内科疾患のコンテンツ

　クリニックのホームページは、「書いてあれば来院、書いてなければ来院しない」という明確な性質があります。

よって、風邪の諸症状、発熱、頭痛、腹痛などの基本的な情報も疎かにせず 1 ページは作成したいところです。あわせて、生活習慣病や花粉症等のコンテンツもあると良いでしょう。

③ 専門性のあるコンテンツ

一般的に内科の専門領域は大きく、

- 循環器
- 呼吸器
- 消化器・胃腸
- 糖尿病（内分泌）

の 4 つの分野が多い印象です。これに加えて、甲状腺や血管などの標榜もありますが、考え方は同様ですので、本書ではこの 4 つについて解説します。

それぞれの診療科には、次のようなページが必要になります。

④ 予防接種・健診・検査のコンテンツ

内科クリニックのホームページに不可欠なのは、予防接種や健診、検査のコンテンツです。

予防接種については、実施している接種の一覧だけでなく、費用を明確にしていくことも大切です。公的な助成を受けられるのか、完全に自費なのか、また対象者の年齢制限などを明確にする必要があります。予防接種だけで 1 ページ作成するイメージをもってください。

また、健診については、特に雇い入れ時健診について、ネット検索からの来院が期待できますので、金額と診察項目を明記する必要があります。もちろん、オプション検査についても同様です。

表14 内科の専門領域別コンテンツ

科目	作成すべきページ	実施していれば記載
循環器	・循環器の病気について ・不整脈、息切れ ・動脈硬化 ・虚血性心疾患（狭心症、心筋梗塞） ・睡眠時無呼吸症候群	・エコーによる診断
呼吸器	・呼吸器の病気について ・気管支炎 ・ぜんそく ・COPD ・禁煙外来	・アレルギー系の疾患
消化器 ・胃腸	・消化器（胃腸）の病気について ・過敏性腸症候群 ・逆流性食道炎 ・ピロリ菌の除去	・内視鏡検査の案内
糖尿病	・糖尿病について ・食事、栄養、運動相談 ・インスリンや管理について	

⑤ その他のコンテンツ

　小児科を標榜していなくても、親子などご家族が一緒に診察を受けられるクリニックも多くありますので、「何歳以上は診ます」といった情報を発信することで、患者さんの層を広げることが可能です。

　また、最近では漢方の処方を希望されて、ネットで検索する方も増えています。

　漢方の場合は、薬の名前での検索も多くなっていますので、処方実績のある薬を列挙する形で、漢方の処方にも応じる旨のコンテンツを作成するのも有効です。

図46　健診ページの例

（2）整形外科

① 身体の部位別のコンテンツ

整形外科の場合は、基本パターンとして身体の部分別に1ページずつコンテンツを作るのが王道になります。

・首
・肩
・腕、手、肘
・背中

> - 腰
> - 足、膝

　それぞれの部位別に、どんな症状があるのか、どんな疾患が疑われ、どのような治療をするのかを解説します。
　肩であれば、肩こりも入るでしょうし、腰であれば、腰痛、腰椎椎間板ヘルニア等をコンテンツに入れていくのが良いでしょう。
　これらの説明に加えて、

> - 外傷、創傷
> - 捻挫
> - 骨折
> - 痛み全般の治療
> - リハビリテーションについて

のコンテンツを作るのも有効です。外傷、骨折、捻挫等では、1ページ分のボリュームが確保できない場合は、これらを合わせて1ページに編集しても問題はありません。
　リハビリテーションに関しては、概要だけでなく、機器の紹介や理学療法士の紹介等でコンテンツを作り込むことができます。大規模な運動器リハを実践していたり、メディカルフィットネスを運営されている場合は、運営時間等が一般の外来診察時間と異なる場合がありますので、複数ページにコンテンツを分けるなどの工夫が必要です。

② あわせて追加したいコンテンツ
　前記にあわせて次の疾患別コンテンツも追加することができます。

> - 椎間板ヘルニア

- リウマチ
- 骨粗鬆症
- ぎっくり腰
- スポーツ系の治療

　これらは、ネット上でも多く検索されているキーワードになりますし、整形外科クリニックの特色を打ち出すうえで必要なコンテンツです。こうした疾患等への対応を強みとされるクリニックでは、疾患別に深く掘り下げてページを作ることで、当該の疾患についての増患効果が期待できます。

③ Blog や SNS を併用

　また、整形外科に限りませんが、専門領域をもつクリニックについては、それを掘り下げた Blog や SNS を展開し、定期的に更新していくことをお勧めしています。

　例えばリウマチが専門でしたら、症状の話、症例の話、薬の話、患者さんとの小話など（もちろん患者さん個人を特定できないように）を SNS に記載することで、ウェブのマーケティングに広がりを持たせることができます。あわせて Blog にも展開することで、リウマチに関するページが増え、検索サイトから「リウマチに強みをもったクリニック」との評価が高まります。

　整形外科のように、多くの医療スタッフが勤務するクリニックでは、院長だけでなく、理学療法士なども SNS 等で情報発信をすることができるでしょう。その場合に気をつけたいのは、スタッフに内容を任せると個人的な日記風になってしまいがちになることです。できれば専門的な内容（肩こりを楽にする方法や、日常できる運動、今流行っている○○体操等）について定期的に記載していただくように、また、画像だけでなく動画にするなどの工夫ポイントまで指示してあげる必要がありま

す。
　とある糖尿病内科では、患者さんに食事指導をされている管理栄養士が紹介する健康食のレシピ Blog が好評を呼び、ネット上の口コミから増患に結びついたという例もあります。

（3）眼科

① 5つの疾患＋花粉症コンテンツ
まず眼科に欠かせないコンテンツは次の 5 項目になります。

> ・白内障
> ・緑内障
> ・糖尿病網膜症
> ・加齢黄斑変性
> ・ものもらい

　ものもらいは、麦粒腫というページにしても良いのですが、Google 対策を考えると「ものもらい」としておいた方が有効だと思われます。関西のクリニックであれば関西呼称の「めばちこ」としても面白いと思いますが、カッコ書きをうまく使って「麦粒腫（ものもらい・めばちこ）」とすればどうでしょうか。
　この 5 項目にあわせ、

> ・花粉症

のコンテンツは今や必須です。花粉症の場合は、アレルギー性の結膜炎と一緒にしても良いのですが、検索エンジン対策を考えると一般名称と

して定着している花粉症を前面に押し出してページを作成する方が有効です。

② 手術系のページ

手術を積極的に行っているクリニックであれば、その記載も必要です。どのような病気に対する手術かということに加えて、手術の内容であったり、来院や予約、手術前・手術後の患者さんのすごし方や、よくある質問のコーナーを設けて、患者さんの「わからないから行きづらい」という点を払拭させる必要があります。

③ あわせて追加したいコンテンツ

前記に加えて次のコンテンツも検討対象となります。

- ドライアイ
- 網膜はく離
- コンタクトレンズ関連
- 眼瞼下垂
- 逆さまつげ
- 斜視
- 弱視
- 霰粒腫
- 翼状片
- 近視（マイオピンや手術など）

ドライアイなどは、多くのメディアで取り上げられてきたことで、すっかり定着したキーワードですので、積極的に追加したいコンテンツです。
翼状片のように治療に手術が伴う疾患の場合は、クリニックのコンテンツとして掲載し難い面がありますが、逆に手術対応が可能であれば、

強みとして積極的に露出させたい項目です。

また、次のように症状をひも解いてページを作成しても良いでしょう。

- 目がかゆい
- 目が腫れている
- 涙が止まらない
- 目に出血がある

出血に関しては、実際起こっているかは別として、どのように検索されているのかを想定してページ名称を決める意味では有効に感じられます。

このように、眼科の疾患を1つひとつページ化することで、ページのボリュームを膨らませていくことが可能になります。

（4） 耳鼻科

① 部位別の疾患 + 花粉症・めまいコンテンツ

まず、耳鼻科に欠かせないコンテンツで重要になるのは、次の3つのページです。

- 耳の症状・疾患
- 鼻の症状・疾患
- 喉の症状・疾患

これらのページでは、部位別にどんな症状があるのか、どんな疾患が疑われ、どのような対応をするのかを解説します。

> - 耳のページでは、耳の痛み、かゆみ、中耳炎、耳鳴り、難聴など
> - 鼻のページでは、鼻水、鼻づまり、鼻炎、副鼻腔炎（ちくのう）、においの障害
> - 喉のページでは、のどの痛み、声がれ、声のかすれ、扁桃腺の症状

などが記載すべきコンテンツとして抽出されます。

中耳炎や難聴等は周知されている症状ですので、それらを独立させて1つのページにするのも良いでしょう。

これらにあわせて、

> - 花粉症
> - めまい

のコンテンツも有効ですが、めまいについては、院長の方針にもよりますので、あまり診ないということであれば省いても構いません。

メニエール病に対して積極的に取り組まれているクリニックは、難病に指定されているメニエール病専用ページを準備して、より丁寧な説明を心がけてください。

花粉症については、舌下免疫の治療に関するネット上の検索数が上がりつつありますので、実施をしている場合は、これも1ページに分けて記載するのが良いかもしれません。

② 併せて追加したいコンテンツ

前記にあわせて次のコンテンツも追加の検討対象となります。

- 子どもの治療について
- 補聴器外来
- 予防接種
- 内視鏡などの検査
- 外科的処置（手術）

　耳鼻科で子どもも診るというのは一般化しているかもしれませんが、初診の場合では、記載があるとなお安心してお子様を連れて行くことができます。注意事項や方針を記載して1ページとしてください。

　予防接種については、内科や小児科で接種するのが一般的ですので、記載があれば来院の動機につながります。親子で同時接種できる場合は、その旨も記載があると良いでしょう。

　内視鏡検査や手術の設備があるクリニックでは、専門性の高さもPRしたいところです。

　耳鼻科のコンテンツについては、非常にシンプルに整えることができます。部位別の症状にあわせて、多く診たい疾患についての個別ページを作ることが耳鼻科のホームページの基本パターンになります。

（5）　皮膚科

① 疾患のデパートをどう表現するか

　疾患別や治療別にページを作成するという基本は、あらゆる診療科に共通するものですが、広いレパートリーをカバーする皮膚科の場合は、ともすると、ページが100ページ以上になってしまうこともあり、どのようにまとめていくかがポイントです。

　ですから、大きなカテゴリーを意識してそのカテゴリーに紐づく疾患

や症状のページを作り、それぞれのページを行き来する形です。例えば、レーザー機器の紹介ページから、その機器が処置できるそれぞれの症状のページにリンクさせるなどです。

ⓐ 大きなカテゴリー

皮膚科については、大きく以下の3つからのアプローチが必要です。

> ・病名・疾患名からのアプローチ
> ・症状や皮膚の状態からのアプローチ
> ・医療機器や施術方法（特に美容系）からのアプローチ

患者さんがどのように検索して、オフィシャルサイトにたどり着くのかを考えると、「アトピー性皮膚炎」のように、疾患からのアプローチの方もいれば、「肌が乾燥する」のように症状からアプローチする方もいらっしゃいます。

また、美容系を中心に、「ケミカルピーリング」「CO2レーザー」のように、施術や機器からアプローチされる方もいらっしゃいます。それぞれに、カテゴリーをつくり、そのカテゴリーのなかに、数ページ（場合によっては数十ページ）ずつページを作成するイメージです。

ⓑ 病名・疾患のページ

以下は基本的な病名や疾患名にカテゴリーに属するページとして必須項目になります。

> ・皮膚疾患について
> ・お肌のトラブル
> ・火傷、水ぶくれの治療
> ・あせもの治療

- かぶれ、湿疹の治療
- 蕁麻疹（じんましん）の治療
- きりきず、すりきずの治療

　必須とは書きましたが、どこでも当たり前にやっているということと同義だとご理解ください。「皮膚疾患」「お肌のトラブル」「湿疹」などは内容が似てしまうのでは？　と思われるでしょうが、対象患者さんが異なるととらえてください。

　「皮膚疾患」は不特定の方々、「お肌のトラブル」は女性が中心で、自由診療系の項目も追加できるページ、「湿疹など」はその疾患の状態を患者さんの側で把握できている方ということになります。

ⓒ 疾患に関する選択項目

以下は治療を積極的に行う場合に記載してください。

- アトピーの治療
- 帯状疱疹（ヘルペス）・帯状疱疹後神経痛の治療
- たこ・ウオノメの治療
- 乾燥肌の改善
- ほくろの除去
- イボの治療
- ピアスの穴あけ
- 抜け毛・薄毛の治療（AGA）
- 水虫・爪白癬の治療
- にきびの治療
- 巻き爪の治療
- しみの除去
- 子どもの皮膚疾患について

これ以外でも、最近話題の「二の腕のぶつぶつ・毛孔性苔癬（毛孔角化症）」、「口唇ヘルペス」、「とびひの治療」など、あげればきりがないのですが、20ページ前後を目安に増やしていくのが良さそうです。

　皮膚科については、治療前後の症例写真は必須と思います。複数のクリニックを見比べられているという前提では、やはり施術の経過が一目でわかる方が受診への安心感につながります。なかには、誰もが閲覧できるホームページに相応しくない写真もあるかもしれませんが、その際は、イラストで代替しても良いでしょう。

ⓓ 症状や皮膚の状態、医療機器や施術方法のページ

　症状については、「かゆみ」「腫れ」等、見た目の症状についてのアプローチ、医療機器や施術についてのアプローチは「ケミカルピーリング」や「レーザー治療」等の導入している機器名となります。

　よく質問をいただくのは、疾患で作成した「にきび」のページと「ケミカルピーリング」は、ほぼ同じだから、1つのページで良いのではないかということです。確かに、結局は同様の内容となりますが、検索してこられる方の動線を考えると、「にきび」については、「にきびとは」というところからページを始めて、さまざまな治療法のなかに、「ケミカルピーリングがあります」という流れを作ります。「ケミカルピーリング」の場合は、ケミカルピーリングを深く掘り下げた内容になりますので、別のページとして記載しても良いですし、トップページにある「ケミカルピーリング」をクリックすると、「にきび」のページの「ケミカルピーリングの説明箇所」にジャンプさせるということでも良いでしょう。

　例えば、「レーザー治療」のページから、「シミ取り」「あざの除去」「赤ら顔の治療」等へのリンクを貼る、「シミ取り」のページから「レーザー治療」のページに行く等、「基本的には、相互でリンクを張り、「疾患ページ」と「施術や機器のページ」が双方向に行き来するような形でページ

を作ると良いと思われます。

ⓔ 自由診療の項目

患者さんにとって、治療費がいくらかかるのかは最大の関心事項の1つです。広告ガイドラインの縛りもありますが、特に自由診療の項目であれば必ず明示するようにしてください。例えば、ほくろの除去はどのくらいの大きさでいくらなのか、しみ取りレーザーの場合はどの単位でどのくらいの値段なのか等、個別性を考慮した詳細な情報が望まれます。

(6) 小児科

① 4つの基4つの基本的なページ構成

小児科では、以下のページ構成がベーシックになると思われます。

> ・一般的な子どもの病気
> ・子どものアレルギー
> ・予防接種
> ・乳児健診、幼児健診

上記で重要なのは予防接種のページではないでしょうか。
接種時期と、自費負担接種の場合は価格を掲載するのは一般的な内科と共通する基本です。また公的助成については、市役所等の該当ホームページにリンクを貼るという対応も可能です。

② より高い専門性を追求される場合

小児特有の、またはかかりやすい疾患への対応をご専門にお持ちの場合は、その記載もクリニックの特徴を表す要素となります。

以下は疾患等を列挙したものですが、疾患や症状別の専門医をネットで検索されるご家族も多いことから、個別のニーズに応えるという意味でも積極的に掲載していきたいものです。

- 小児ぜんそく
- アレルギー
- 発達障害
- 児童心理
- ADHDの診断
- 膠原病、リウマチ、川崎病等の疾患
- 夜尿症
- 低身長
- てんかん、発作
- いびき、アデノイド肥大
- 子どもの肥満

③ **こまめな情報提供が必要**

　予防接種については、接種種類や方法等が日を追って変わりますので、こまめな情報更新が必要です。全診療科目の中で一番更新頻度を高めていく必要がある科目かもしれません。

　もちろん自院のホームページ内で、全ての情報提供ができればベストなのですが、限られた時間のなかでそれを行うのも難しいと思いますので、自治体や学会、製薬メーカーのサイトにリンクを掲載するなど工夫をしながら情報を補うことが大切です。

（7） 泌尿器科

① しっかりとしたコンテンツ作成で広域からの集患が可能

泌尿器科クリニックは、施設数自体が比較的少ないこともあって、しっかりとしたページのコンテンツが構築されれば、ホームページを経由した広域からの集患が期待できる診療科ともいえます。

泌尿器科の場合、以下のようなコンテンツが基本になります。

- 排尿障害の治療
- 膀胱・精巣の病気
- すい臓の病気
- 腎臓の病気
- 肝臓の病気
- 男性の更年期障害（加齢男性性腺機能低下症候群）
- 夜尿症、おねしょ外来
- ＥＤの治療
- 性感染症の治療
- 前立腺の病気

排尿障害については、テレビCMにもなって、キーワードが一般化してきていますので、1つのコンテンツにするのがわかりやすいでしょう。

膀胱、すい臓、腎臓などの臓器のキーワードについてもそれぞれ個別のコンテンツにしたいところです。

また、子どもも診るクリニックであれば、子どもに多い症状や治療方針などを中心とした専用コンテンツがあると、そこから患者さんの幅が広がります。

② 検査など

泌尿器科は基本的に検査の多い診療科で、泌尿器科に特有のものもあります。「精液検査」「ブライダルチェック」などについて実施されているクリニックでしたらそれぞれをコンテンツ化すると良いでしょう。患者さんによっては、デリケートな問題から受診をためらう方もいらっしゃいますので、検査のハードルを下げられるように、実施している検査をわかりやすく説明するコンテンツが必要です。その際には、検査料金（目安）や所要時間も記載するようにしてください。

(8) 精神科・心療内科

① インターネットとの親和性が高い診療科目

精神科・心療内科は、「抑うつ」をはじめとしたさまざまな精神症状、および薬物に関するキーワードを使って、特にインターネットで情報収集されることの多い診療科目です。それだけに、ネットを最大限に活用して、患者さんに適切な情報提供をしていく必要があります。

②「うつ」を中心としたベーシックなページ構成

精神科・心療内科では、次の項目がベーシックなページ構成になると思われます。

- 抑うつ・気分障害の相談・治療
- ストレスの相談・治療
- 不眠症・睡眠障害の治療
- パニック障害の治療
- 社交不安障害（SAD）の治療
- 強迫性障害の治療

・摂食障害（拒食症、過食症）の治療

　それぞれのページには、疾患の概要だけでなく、チェックリスト（これが当てはまったら治療が必要等）や、治療法等に関する情報等を記載していきます。
　特に薬物療法については、多剤・大量処方や、過量服薬が社会問題化しているだけに、処方の方針や減剤への取り組み、服薬指導等の考えを明確にすることで、クリニックへの信頼感が高まります。

③ 特徴を打ち出すための Blog や SNS、動画を活用

　精神科・心療内科の場合、特徴をどのように打ち出していくかというところがカギになります。
　上記のページだけですと、どうしても見た目の横並び感が否めません。都市部では、1 つの駅周辺に複数の心療内科があるのは当たり前です。また、自宅や職場の近隣の心療内科は人目を気にして受診しにくいということも考えられますから、患者さんにとっての選択肢は、他の診療科よりも多く（広く）なっているということを念頭に置いた差別化対策が必要になります。
　差別化対策の 1 つとしてホームページで専門性を追求していくことは、もちろんメリットも多いのですが、逆にデメリットとしては、専門領域以外の症状をもつ患者さんが不安を感じることが懸念されるということです。例えば、医療需要の多い「うつ」の治療を強調するあまり、神経症性障害やストレス関連障害は診てくれないのではないかといった誤解が生じる可能性があるわけです。
　そこで、ホームページ全体はあくまでも網羅的なコンテンツにして、そこで書ききれないような内容や、医師の人となりが分かるようなものを SNS や Blog で発信していくのが良いでしょう。場合によっては YouTube などで疾患や特定の悩み、治療法について解説していくこと

も有効です。心療内科・精神科は患者さんとのマッチングも重要ですので、私達がどんな医療機関でどんなドクターが対応するのかというところをできるだけ詳らかにお伝えすることで、マッチングの齟齬が少なくなるでしょう。

（9） 婦人科、産婦人科

① 入院・分娩施設がある場合

　産婦人科の場合は、入院に関する要項・価格についての記載が必要になります。

　また、入院前、入院中、退院後で閲覧層が違いますので、コンテンツは次のⅰ）、ⅱ）、ⅲ）の3ステージでの構築になるでしょう。

> ⅰ）妊婦の方
> - 妊娠かな？　と思ったら
> - 当院で出産をご希望の方（出産料金）
> - 妊婦健診について
> - 里帰り出産について
> - 各種スクール（パパママ教室）のご案内
>
> ⅱ）入院（分娩）について
> - ご出産から退院まで
> - 食事やアメニティ、施設の紹介
> - お見舞いの方向けコンテンツ
> - 無痛分娩について（対応している施設は）
>
> ⅲ）出産後
> - 乳児健診
> - 産後検診

- 各種スクールのご案内

　ご出産を控えて、不安をもつ方もいらっしゃいますので、上記のようにステージごとに何をして、どのような手続きをしてという部分をしっかり書き込むことが重要です。

　また、出産費用の持ち出し分がいくらになるのか、出産までの検診の費用（助成がつくのかどうか）等、費用に関することが重要な項目の1つですので、ホームページに明確に記載をしましょう。

② **婦人科のコンテンツ**

　婦人科の場合は、次のようなコンテンツが基本になります。

- 不妊治療について
- 妊娠かな？　と思ったら
- 月経（生理）不順の治療
- おりものの異常
- 生理痛
- カンジダ腟炎・外陰炎
- 性感染症
- 月経移動
- ピルの処方
- 避妊リング
- ブライダルチェック
- 緊急避妊薬（モーニングアフターピル）の処方
- 更年期障害

　治療や検査等、できる項目をページ化して記載をします。アフターピル等は価格を明示しておくことが大切です。また、ノルレボ®等薬名

で検索されることもありますので、薬名に価格という組み合わせで記載をしてください。

③ 実施の有無で追加するもの

- 人工妊娠中絶について
- 女性系の各種健診
- 女性系の予防接種
- 女性系のがんの診断・治療

健診はほとんどのクリニックで実施していると思いますので、必ず記載をします。公的助成や費用についてももちろん明記してください。

中絶についても、基本は時期と費用について記載する必要がありますが、デリケートなコンテンツだけに、対外的にあまり強く打ち出したくないというクリニックもあるでしょう。その場合は、無理に打ち出す必要はありません。「書けば来る、書かなければ来ない」というシンプルな法則に準じて判断してください。

また、プラセンタ等自費負担の美容系のコンテンツがあるクリニックもあると思います。その場合は、上記同様、費用を明確にしてコンテンツ化してください。

(10) 歯科

① カタログを意識したコンテンツ

歯科クリニックの場合は、ホームページに対する役割が明確です。自院のウェブカタログを作るということを心がけて、あらゆる治療メニューについて細かく記載していくことです。費用や治療期間などもも

ちろん明記しましょう。

　競争が激化している業界だけに、当然のことながら、他院と比較されることを前提に作る必要があります。自由診療の審美治療など特徴を強く打ち出せるクリニックは別ですが、保険診療の限りにおいてはなかなかできません。

　それだけに、まずは、フルメニューのカタログ作りに精を出してホームページを作るということになります。

② 歯科のコンテンツ

> - こんな歯や口の中の症状はありませんか？
> - 虫歯の治療
> - 根管治療について
> - 親知らずの抜歯
> - 歯周病（歯槽膿漏）の治療・予防
> - 入れ歯（総義歯、部分義歯）
> - インプラントについて
> - ホワイトニング
> - お子様の歯の治療について
> - 歯の矯正について
> - 受け口の治療・矯正（下顎前突、反対咬合）
> - フッ素塗布について

　上記が基本的な歯科のコンテンツになります。

　歯科もまた、費用が患者さんの大きな関心事項の１つになりますから、保険診療でできるものは、あえて保険治療と記載しても良いでしょう。自由診療についてはもちろん費用を明示してください。

　コンテンツのなかで院長の（かつての）ご専門分野があった場合は、

ページにそれを記載しても良いでしょう。補綴歯科ご出身の院長は、義歯のコンテンツのなかに、大学で補綴歯科の研鑽を積まれたことを記載するのも有効だと思います。義歯のコンテンツにと述べたのは、トップページや院長のプロフィールにそれを記載をしてしまうと、義歯専門の医師と勘違いされる可能性があるからです。ですから、義歯に関心のある方だけに「こっそり」教えるコンテンツという感じで良いでしょう。

治療前・後の実績写真を掲載することも現在は当たり前になりました。ただし、なかには一般の閲覧者に不快なイメージを与えてしまうカットもありますので、その場合はイラスト等で補う工夫も必要です。

③ 専門コンテンツは「熱く」「長く」

矯正やインプラント等の専門歯科については、その掘り下げコンテンツと院長の治療にかける「熱い思い」のコンテンツが必要です。この「熱い思い」については、一般的な治療でも記載する方がベターですが、専門分野への志と治療のポリシーを、「熱く」「長く」記載してください。ホームページは興味のある人が続きを読むタイプのメディアですから、長く綴っていただく方が効果的で、来院にもつながりやすい傾向がみられます。

コンテンツの掘り下げについては、あえて難治療例をコンテンツに入れてください。

患者さんにとっては院長の手技だけが頼りです。研鑽を重ねてこられたせっかくの腕前ですから、患者さんにしっかりとアピールされることが、結果的に相互の信頼感を生みます。

(11) 在宅診療所

① より地域を意識したコンテンツ構成

在宅での主に高齢患者さんのケアは、一クリニックが提供できる医療サービスだけでは不十分で、地域単位での密な連携を必要とします。

そこで、在宅医療クリニックのホームページでは、患者さんやご家族だけではなく、地域の医療・福祉関連従事者にも利用いただける情報の掲載が望まれます。

よって、コンテンツは大きく「患者さん向け」と「医療従事者向け」の2つで構成されることになります。

② 患者さん向けコンテンツ

在宅医療を必要とする患者さんやご家族に向けて掲載すべき要素は次のものです。

- 診療エリア
- 診療時間
- 連絡体制
- 診療開始までの流れ
- 診療ポリシー
- 医師紹介
- 実績
- 可能な医療行為
- 得意なことや不得意なこと
- 利用可能な医療機器
- お薬について
- お支払いについて（振込先など）

「こんなことができますよ」「私はこんな人ですよ」ということを記載するということが大切です。

　在宅医療を必要とされる患者さんやご家族に対しては、特に診療可能なエリアと医療内容、連絡先、院長のご経歴を明確にする必要があります。院長のご経歴等については、ご挨拶ページに記載しても良いかと思いますが、常勤・非常勤を問わず、複数の医師が勤務する場合は、すべての医師のご経歴を紹介してください。もちろん、可能な限り写真も掲載した方が良いでしょう。

③ 医療従事者向けコンテンツ

　在宅医療（往診対応も含む）では、地域の訪問看護ステーションやケアマネジャー等、患者さんをご紹介いただける方々や連携を意識したコンテンツが必要で、基本的には患者さん向け情報から医療従事者にとって当たり前のことや不必要なものを除いたコンテンツ構成になります。

- 診療ポリシー
- 経歴や経験
- 在宅の体制
- 可能な医療行為
- 得意なことや不得意なこと
- 利用可能な医療機器

　これらはすべて1ページにまとめて「医療従事者の方へ」として掲載するのが良いでしょう。ホームページだけでなく、pdf等にまとめてダウンロードできるようにすることで利用の幅が広がります。パンフレット代わりに、そのままご家族にお渡しするということも考えられますので、わかりやすい解説に心がけたご家族用のものを準備しても良いでしょう。

④ ページは少なく、そして Blog や SNS の活用

　これまで、ホームページのページ数は多ければ多いほど有利であるということを説いてきましたが、在宅クリニックの場合は、やや勝手が異なります。

　在宅クリニックの場合は、１つのページで閲覧できたほうが便利なコンテンツであるために、前記２つのページ構成で良いのですが、そうなると検索サイト対策が難しくなり、見る（探す）人の利便性を損なうことになってしまいます。

　その機能を補うのが Blog や SNS です。特に在宅医療では、一般的な外来とは異なる、患者さんやご家族との触れ合いを通じて感じられる日常の機微があると思います。それを日記風のコンテンツにすることで、院長のポリシーや人となりがわかりますし、在宅医療をより身近なものとして感じ取っていただくことができます。

　今後、ますます需要が増える診療サービス領域ですし、競合クリニックの参入も当然予測されます。SNS はできる限りの頻度で更新していただき、その内容が口コミで広がりファンが定着するようなプロモーションに心がけてください。

おわりに

　2020年から流行した新型コロナウイルス（covid19）は、医療提供の歴史においても大きな出来事となりました。このウイルスによって亡くなられた方々のご冥福をお祈りする一方、行動様式の劇的な変化によって、インターネットでのコミュニケーション手法が数年進んだことも忘れてはいけません。対面が当たり前だった診療に、初診でのオンライン診療が許可され、単純な新患獲得ツール、情報伝達ツールだったクリニックのオフィシャルサイトも、様々なネットツールへのハブ機能が追加され、その役割が進化しました。マイナンバーの制度が医療にも進出し、オンラインで保険の資格確認ができるようになり、2024には新規の保険証の新規発行がいよいよなくなります。2025年には電子カルテ情報共有サービスが登場し、いよいよ医療機関同士がオンラインで結ばれて情報交換をしていく時代になります。さらに、すべての医療機関に電子カルテを整備するという政府の方針のもとDX化は避けられない情勢になってきました。本書ではその進化についても触れながら、医療機関が持つべきオフィシャルサイトの姿をお伝えいたしました。

　とはいえ、健康を損ねた人や病気になりたくない方、新しい命を育んだ方が、医療機関に足を運び、医療従事者と二人三脚で心を通わせながら、あゆみを進めていくという形は今後も変わらないでしょう。医院のプロモーションで大事なのは、**「私たちはこんな医療機関です。」を閲覧者に過不足なく伝達すること**です。ですから、私は、全ての医療機関がオフィシャルサイトを通じて、患者さんや地域の方に正しく情報を伝えて、医療DX時代にふさわしい医療社会が作られることを望みます。そのためには、医療機関や院長ご自身が、本書に記載している、オフィシャ

ルサイト作成の「イロハ」(中には、応用編もたくさんありますが)を身につけていただき、全国の老若男女が、適切に医療機関とマッチングされ、適切に医療機関を受診し、院長自身が本来望んでいた医業経営に近づけることをいつまでも祈念しながら、私自身も、医療機関のオフィシャルサイトのあり方をバージョンアップさせていく所存です。

　最後に、簡単ではありますが、私が運営しているホームページ作成サービス Wevery! の宣伝もさせてください。Wevery! は約 3000 件(2025年1月現在)のユーザーに利用されているサービスです。ホームページの文章は自分で書けそうだけど、Web サーバを借りたり、ホームページのソフトを買ってインストールしてまでは大変そうでできそうにないという方や、医療機関のホームページ作成のイロハが詰まったパッケージのホームページ作成サービスをご所望されている方にはベストマッチなサービスになっていると自負しています。もし宜しければ、Wevery! のオフィシャルサイトを覗いていただき、ホームページ作成、リニューアルの1つの選択肢として加えていただけましたら幸いです。

Wevery! オフィシャルサイト
https://wevery.jp/

　末筆ではありますが、本書発行にあたり、ご尽力いただいた編集担当の小川孝男氏、Wevery! の仲間、YouTube の視聴者様、様々な経験を私にくださった 3,000 を超える医療機関様、そして、執筆を応援してくださった仲間や友人、家族に感謝して筆を置きたいと思います。

河村伸哉

株式会社日本経営　Wevery! 創業者

著者

河村伸哉（かわむら しんや）

メディカルウェブプロデューサー。
東北大学法学部卒業後、フリーランスの期間を経て、大手飲料メーカーや通信系システム会社等のウェブサイト作成を経験。
現在、株式会社日本経営にて、医療機関のマーケティング支援を行っている。
医院開業時のマーケティングを多く経験していることから、ウェブを利用した増患術は得意分野の一つ。開業前に予約が殺到した心療内科や、強豪ひしめく地域で月間3,000名の新患獲得を達成しているレディースクリニック、100キロ離れた場所からわざわざ患者が通ってくる一般耳鼻科など、診療科目別の増患ノウハウを確立させ、ドクターの強みを地域住民に訴求する手法で、確実に増患に導いている。2014年12月に、医療機関向けホームページ作成システム「Wevery!」を創業。これまで培った医院のウェブ作成のノウハウをすべての利用者が使用できるクラウド型のウェブサービスで展開中。現在約3,000件の医療機関が利用している。

主な著書に、「医院ホームページ作成の教科書 院長が知っておくべき増患のための6原則 ver.2」（2021年 MASブレーン刊）、「クリニック広報戦略の教科書」（2019年 日本医事新報社刊）があるほか、YouTube「ウェブリィチャンネル（https://www.youtube.com/wevery）」を主催。あわせて全国で講演活動なども行っている。

株式会社日本経営

医療機関や介護施設などのヘルスケア領域におけるコンサルティングファーム。母体となる日本経営グループは、1967年の菱村総合税務会計事務所が起点となり、その後、会計事務所を母体として発展、昭和50年代より医療業界にも進出し、現在数千件の医療機関のクライアントを持つ。東京・大阪をはじめ、日本全国6拠点でビジネスを展開している。

改訂新版
医院ホームページ作成の教科書 Ver.3
医療DX推進時代のウェブ戦略三種の神器

2025年2月8日　第1刷発行

編　著　河村 伸哉　（株式会社日本経営）
発行人　猪川 昌史
発行所　株式会社 日本医業総研
　　　　本　　社　〒541-0053 大阪府大阪市中央区本町2丁目2-5 本町第二ビル
　　　　出版事業部　〒101-0048 東京都千代田区神田司町2丁目2－12 神田司町ビル9階
　　　　　　　　　　TEL 03-5297-2300　FAX 03-5297-2301

印刷・製本　有限会社 ダイキ

Ⓒ Shinya Kawamura 2025　Printed in Japan　ISBN978-4-911081-01-3　C2034

※乱丁・落丁本は送料小社負担にてお取替えします。ただし、古書店にてお買い上げの本はお取替えいたしかねます。
※本書の無断複製（コピー、スキャン、デジタル化）並びに無断複製物の譲渡及び配信は、著作権法上での例外を
　除き禁じられています。